교사들을 위한 텃밭정원놀이 배움서

아이들의 놀이터
배움텃밭정원

김심환 · 이선미

지식터

머리말

배움텃밭정원에 다 있다!

우리의 배움텃밭정원 시작은 2008년 서울시농업기술센터에서 텃밭상자를 지원받아 어린이집 옥상에 '개똥밭'이라는 텃밭정원을 만들면서 시작하였으니 올해로 14년째이다. 자연은 참으로 놀랍고 신비롭다. 14년 동안 같은 경험인데 매년 매 순간 다른 느낌, 다른 감동, 다른 배움을 발견하게 된다는 것이다. 자연은 멈춰 있지 않고 늘 변화하고 성장하기 때문이라고 생각한다. 이러한 변화와 성장의 중심에서 주체가 되어 다양하게 경험하는 일은 예상보다 많은 배움과 감동을 선사한다.

배움텃밭정원은 이러한 경험을 생활 속에서 자주 만나게 하기 위해 매일 다니는 교육기관 또는 집 가까이에 설치하도록 권장해왔다. 우리는 텃밭정원에서 채종한 씨앗을 다시 심고, 가꾸고, 탐색하고, 느낌을 표현하고, 수확물을 나누는 가운데 생명의 가치와 환경의 중요함을 자연스럽게 배운다.

뿐만 아니라 최근 들어 기후변화, 기후위기에 대한 관심이 높다. 우리가 살아가는 지구를 위한 일이라지만 실은 인간을 위한 일이다. 나의 살갗에 생긴 조그마한 상처에는 민감하면서 인류의 재앙이 될 기후위기에는 둔감했던 게 사실이다. 지구환경 전문가들은 말한다. 소비를 줄이자. 분리배출하자. 플라스틱 사용을 줄이자. 식물 한 포기라도 가꿔보자. 전기와 물을 아껴 쓰자. 탄소배출이 적은 물건을 사용하자 등.

이러한 습관은 생활 속에 스며들어 자연스럽게 실천하도록 몸에 배야 한다. 유아기부터 식물을 가꾸고 보살피는 일은 생명을 살리고 지구환경을 생각하는 삶의 이치를 깨닫게 하는 출발점이 될 것이다. 개인의 소소한 일이 연대가 되어 우리가 되고 우리의 실천이 모이면 어느덧 기대 이상의 결과를 가져온다는 것은 14년 동안의 활동을 통해서 경험한 것이다. 이 책을 통해 기후를 생각하고 지구환경을 생각하는 마음에 조금 더 가까이 다가갈 수 있기를 바란다.

이 책의 특징은
발달연령에 따라 좀 더 적합한 작물들이 있다는 것을 알리고,
수확에 집중하기보다 생명을 돌보는 경험을 하고자 하였으며
작물을 쉽고 재미있게 가꿀 수 있도록 안내하였다.
또한 생활 주변에서 버려지는 것을 재활용하도록 권장하고 있으며,
화려하고 값비싼 장식과 인공적인 설치물의 아름다움보다
작물을 통해 매 순간 다른 자연의 매력을 발견할 수 있기를 바라고 있다.

이 책은 총 4장과 부록으로 이루어졌다. **1장**에서는 배움텃밭정원이 무엇이며, 어떤 주제로 어떤 가치를 담아야 하는지를 안내하였다. **2장**에서는 배움텃밭정원을 만나기 전 알아야 하는 용어, 농약을 사용하지 않고 병해충을 줄이는 방법과 병해충

에 대한 인식 그리고 텃밭을 가꾸기 위해 필요한 준비물 등을 알기 쉽게 설명하였다. **3장**에서는 안전하고 관찰이 용이한 텃밭의 형태와 디자인, 흙의 종류, 거름의 이해, 씨앗 뿌리는 방법, 모종 심는 방법, 작물을 잘 기르는 방법, 수확하는 방법 등에 대한 정보를 담았다. **4장**에서는 발달연령에 보다 적합한 작물을 추천하였으며, 교육현장에서 실제 가꾸는 과정에 각 연령별 주요발달 과업(1세 감각, 2세 언어와 신체, 3세 사회성과 관계, 4세 정서와 윤리, 5세 기후변화와 환경)과 연계하여 가꿀 수 있도록 하였다. 그리고 각 작물별 관련 그림책을 추천하여 생각의 깊이를 더할 수 있게 했다. 부록에서는 각 장에 담지 못한 유익한 정보로 텃논 가꾸기, 지역사회연계 사례, 배움텃밭정원을 통해 발견한 교사의 글, 식물 돌보기 포인트, 작물 달력을 제시했다.

2019년 개정누리과정이 놀이중심, 아동중심 철학으로 바뀌면서 유아교육현장이 각각의 이유로 혼란기를 겪고 있다. 생각해보면 놀이는 늘 아이들의 일상이었고 삶이었다. 놀면서 배우고 성장한다는 데 누구도 의심하지 않았다. 다만 과연 그동안 충분하게 아동중심이었는지, 또 자연과 멀어진 놀이의 질적인 부분에 대해 고민하다보니 혼란스러운 게 아닐까 하는 생각이다.

우리는 자신있게 말한다. “다시 자연이다!”라고, 누리는 자연이 아닌 보살핌이 있는 곧 내가 주체가 되어 생명을 움트게 하고 자라게 하고, 보살핌의 결과가 자존감을 세우고 나의 성장과 지구의 안녕으로 연결되는 배움텃밭정원은 학습자가 주체가 되는 아동중심, 놀이중심의 한가운데 있다는 것을 14년 동안 증명해 보였다. 이 책이 자연에서 놀이를 찾고자 하는 사람들에게, 텃밭을 가꾸고자 하는 유아교육기관에 유익한 배움서가 되기를 바란다.

이 책을 출판하면서 고마운 분들이 많다. 바쁘고 힘든 가운데 시간을 쪼개어 봉사해 주신 배움텃밭공동체협회 공동대표와 이사 그리고 협회 회원님들께 감사드린다. 무엇보다 영유아의 건강한 성장을 위해 고군분투 유아교육기관에 재직하고 있는 모든 교직원 여러분께 사랑과 존경의 마음을 드린다.

개화산 자락 자연봄 연구소에서
김심환 · 이선미

차례

04장 · 연령별 추천 작물 가꾸기

부록 ·

1

배움텃밭정원 알아보기

- 왜 배움텃밭정원일까?
- 배움텃밭정원이란?
- 배움텃밭정원활동의 주제
- 배움텃밭정원에 담아야 할 가치

왜 배움텃밭정원일까?

옥상에서 아이들과 텃밭을 가꾸던 어느 날, 텃밭활동에 그리 관심이 보이지 않던 일곱 살 민규가 어쩐 일로 내게 말을 걸어왔다. “선생님, 흙은 생명을 키우는 거예요. 흙은 우리가 밟고 다니는 더러운 것인 줄 알았는데 이제 알겠어요.”라고 말하는 순간 확신을 얻었다. 텃밭활동이 아이들에게 좋은 놀이 공간을 제공하는 것 외에도 식물의 성장과 함께 아이들도 스스로 성장할 수 있도록 도와준다는 데 그 가치가 있음을 깨닫게 되었다. 이후로도 텃밭을 가꾸는 아이들의 놀라운 표현은 계속되었다. 논문 등 연구지에서도 텃밭 가꾸기의 효과와 가치에 대해 다음과 같이 밝히고 있다.

인지발달의 효과

아이들은 텃밭활동을 통해 식물의 생장에 따른 탐구심과 관찰력 향상, 집중력 향상, 일상생활에 필요한 기능을 습득하고 기쁨과 성취감을 느낄 수 있다. 텃밭활동을 하면서 새롭게 배우게 되는 용어와 개념 습득은 어휘력 증가와 의사소통기술의 진보를 가져오고, 이와 같은 경험의 반복으로 합리적이고 긍정적인 사고와 자신감, 문제해결능력을 얻게 된다(김정옥, 2012). 또한 텃밭활동은 오감(시각, 청각, 촉각, 미각, 후각)을 사용하게 되므로 주변에 대한 감수성이 예민해져서 감각과 지각능력이 증가하게 된다(최영애, 2003; 김홍열 외, 2004; 신성화, 2009). 자연과 식물이 관련된 자연친화적 활동이 유아의 자율성, 창의성과 상상력, 탐구심, 친사회적 행동, 자신감, 주의집중력을 향상시키고 긍정적 자아개념을 향상시키는 데 효과가 있다(박경희, 2005).

사회성과 도덕성 발달의 효과

식물을 기르고 가꾸는 활동은 아동의 협동성, 사회성, 도덕성 함양에 크게 영향을 미친다(윤순구, 2001). 특히 취학 전 아동을 위한 다양한 원예활동 프로그램이 사회성 발달과 주의력 집중에 효과적인 것으로 나타났다(김홍렬 등, 2004). 몬테소리(Maria Montessori)는 교사가 어린이를 존중하며 돌보는 것과 같이 어린이들은 식물과 동물에 대해 존중감을 갖고 돌봄을 통해 부모나 교사가 자신을 돌보아주는 것에 감사할 수 있게 된다고 하였다(박은지 외, 2007에서 재인용). 텃밭활동은 개인활동도 있지만 많은 활동이 그룹으로 진행되어 공통적인 목표를 위해 공동작업을 하게 되는 경우가 많다. 이러한 활동을 통해 자기가 맡은 역할이 무엇인지를 알게 되고, 다른 사람과의 협력을 통해 공통의 목표를 달성할 수 있기 때문에 다른 사람에 대한 존경, 협동, 책임감이 길러지며 사람들과 관계 맺는 법을 배울 수가 있다(신성화, 2009 재인용; 서정근, 2004).

정서 발달의 효과

텃밭은 보는 것 자체로도 사람들에게 기쁨을 주지만 직접 텃밭활동을 한다면 그 정서적 효과는 더욱 클 것이라 생각한다. 텃밭의 작물들은 정성과 관심과 사랑을 가지고 키우면 쉽게 싹이 트고 자라기 때문에 그 변화되는 모습을 보며 자신감과 자부심, 기쁨을 갖게 된다. 반면 조금이라도 정성과 관심이 부족하여 소홀하게 되면 잡초가 나거나 병충해의 피해를 받게 돼서 그 결과 미안한 마음과 죄책감을 갖게 된다(최영애, 2003). 또한 이러한 텃밭활동을 통해 부정적인 분노와 공격적인 감정을 완화시키고 자신의 내부에서 일어나는 애정과 증오와 갈등을 긍정적으로 다루는 적절한 방법과 기술을 더욱 증진시킬 수 있다고 했다. 식물을 기르고 가꾸는 활동은 정서적으로 불안정한 상태에 있는 아동의 정서 순화에 크게 영향을 주며(윤순구, 2001; 박은지 외, 2007), 텃밭활동을 통해 생명체에 대한 아름다움, 신비함, 약함, 강함 등에 감동하고 걱정하는 경험을 해보는 것은 정서를 풍부하게 한다(김정옥, 2012).

신체발달의 효과

텃밭활동은 매년 농사 계획을 세우고 도구와 재료를 구입하고, 밭을 만들고, 씨를 뿌리고, 물을 주고, 풀을 뽑고, 거름을 주고, 작물을 수확하는 등 매일 매일 돌보고 가꾸는 활동을 통해 손을 포함한 전신을 사용하게 된다. 특히 손을 사용하는 것은 대뇌에 자극이 될 뿐만 아니라 손가락이나 손의 기능 회복에 효과적이며, 텃밭활동을 하는 동안 구부리고, 뻗고, 쪼그려 앉고, 잡아당기고, 밀고, 끄는 등 자신도 모르게 다양하게 사용하는 전신활동은 신체의 균형감각을 유지시켜준다(윤순구, 2001).

생명과 환경교육의 효과

도시화가 진행될수록 사람들과 자연과의 관계는 일상생활로부터 점점 멀어지게 된다. 특히 유아들의 양육환경은 자연과는 거리가 멀고 자연생태계를 접할 기회가 적다. 텃밭활동을 통해 유아들에게 대자연으로의 회귀본능 또는 마음의 향수, 흙을 만지고 주무르는 즐거움을 느낄 수 있도록 체험시키고, 자연환경 속 사계절의 변화, 자연의 역할 등을 배우고 가르치는 것은 자연교육 및 환경교육의 일부라 할 수 있다(김정옥, 2012; 윤구병, 2002).

유아는 텃밭을 가꾸고 재배하는 활동 속에서 식물이 자라서 성장하고 꽃이 피어 열매가 맺히는 식물의 생활사를 관찰하고 이에 관계되는 흙, 비료, 태양, 공기, 물의 역할을 이해하며 계절과 날씨의 변화, 식물의 생장, 자연에 대한 책임, 수확의 기쁨, 생명력 등 많은 것을 배울 수 있다(김정옥, 2012; 김미정 외, 1997). 또한 텃밭 가꾸기 활동을 통해 흙의 소중함을 알게 되며 계절의 변화를 알게 되고, 땀의 의미와 수확의 기쁨, 자연계의 순환과 생명에 대한 사랑을 느끼게 된다고도 했다.

인성교육의 효과

윌슨은 '가르치기'보다 '경험하게 하는 것'에 중점을 둘 것을 강조하였다(Wilson, 1995). 또한 텃밭 활동은 자연의 경험이며 이를 통해 타인과의 관계 형성과 긍정적 사고를 기르는 교육이 이뤄질 수 있다(Moore & Wong, 1997)고 하였다. 이탈리아의 정신과 의사이며 교육학자로 교사의 권위주의적 교육을 반대하고 어린이의 권리 존중을 주장한 마리아 몬테소리는 "식물을 키우는 활동을 통하여 자신을 낳아주고 가르쳐주신 부모님과 선생님에 대한 감사한 마음을 가지게 된다"고도 하였다. 나와 함께 텃밭을 가꾸던 예은이는 강풍이 불던 날 토마토가 쓰러지면 아플 거라며 토마토가 쓰러지지 않도록 도와주자라는 말을 하는가 하면, 일곱 살 윤아는 비오는 날 보도로 나와 있는 지렁이가 사람들 발에 밟히면 안 된다며 지렁이를 흙으로 돌려보내기도 하였다.

이처럼 텃밭에서 씨앗을 심고 기르는 동안 수많은 기다림(싹트기, 꽃피기, 열매맺기, 열매익기 등), 함께하는 것의 즐거움, 생명의 소중함을 통한 존중과 배려, 식물을 잘 돌보기 위해 식물이 좋아하는 것을 알아내려는 마음들은 누가 가르치지 않아도 텃밭 작물을 키우는 과정에서 자연스럽게 익힌다는 것을 알 수 있었다.

배움텃밭정원이란?

기후변동, 기후변화, 기후위기, 지구온난화 등 최근 들어 기후에 대한 관심을 가지는 사람들이 점점 늘고 있다. 기후변화는 자연생태계에도 영향을 미친다. 그동안 성장의 논리를 앞세워 자연생태계를 파괴해온 데 대한 미안함과 책임감, 삶의 터전에 대한 위기의식 등을 느끼는 이들이 자연생태계의 파괴가 곧 자기 자신에게도 영향을 미친다는 사실을 인지하게 되었기 때문이다.

유년기의 습관이 매우 중요하다는 뜻에서 세 살 버릇 여든 간다는 말을 자주 인용하게 된다. 지금 유년기를 보내는 아이들은 기후변화 위기가 매우 심각한 세상에 살고 있지만, 자연보다 디지털 세상의 편리함과 플라스틱, 일회용품 사용이 일상화된 세상을 어쩌면 당연하게 여기며 자연생태계의 소중함을 덜 느낄 수 있다. 그러기에 자연생태계의 가치와 훼손된 자연생태계 복원을 위해 더욱더 기후, 환경 등을 필수과목으로 이수하게 해야 하지 않을까 싶다. 다행스럽게도 아이들은 꽃과 나비, 벌, 개미 등을 만나면 "와! 나비다", "와! 개미다"라며 호기심을 가지고 알고 싶어 한다. 아직 희망이 있다는 증거다.

배움텃밭정원은 이러한 뜻을 담아 유아교육기관 가까이에 텃밭정원을 만들어 생활밀착형 자연배움공간을 만들고자 기획하게 되었다. 플라스틱 놀잇감이나 컴퓨터, 게임에

집중하는 시간을 줄이고 자연을 발견하고 체험하면서 그 속에서 아름다움을 느끼고 순수함을 간직하며 자신의 존재가 곧 자연임을 깨닫는 데 중점을 두고자 하였다.

배움텃밭정원이라는 이름은 학습자가 주체가 되는 배움, 주거지와 가까운 곳에 마련된 텃밭, 미학이 있는 꽃밭으로서 정원이라는 세 단어를 조합해 만들었다. 좀 더 구체적으로 다음과 같은 가치와 배움 주제를 가지고 있다.

배움은 학습자의 자발적 동기를 중요시한다. 가르치거나 따르게 하는, 즉 교육자의 권위를 내세우는 방법의 교육이 아니라 '얻다', '익힌다', '발견하다'에 가치를 둔 자발성, 자율성, 동기, 주체가 되는 배움에 중점을 주었다. 텃밭활동은 가르침의 교육이 아니라 어린이 스스로의 동기와 경험을 통해 창조를 만들어 내는 배움의 과정이다.

아이들과 텃밭활동을 하는 데 있어 중요한 점은 가르치려고 하지 않는 것이다. 아이들이 스스로 배우게 해야 한다. 즉 학습자가 주체가 되어야 한다. 시시각각 변화하는 텃밭활동을 통해 그 변화의 과정과 결과들을 몸소 체험함으로써 스스로 경험하고 관찰하게 한다. 그야말로 텃밭 그 자체가 교과서이고 참고서이며, 교사이고 학교라 할 수 있다. 말로 가르치는 학교와 교사가 아니라 환경을 제공해줌으로써 스스로 느끼고 의문을 가지며 해결하게 만드는 배움의 공간인 것이다. 텃밭활동은 "자연이 교과서"라고 말한 루소의 교육관, 자연이 주는 보물을 어린이 스스로 얻도록 자연과 접촉하는 것의 중요성을 강조한 몬테소리의 교육관, 오감에 의한 감각통합적 지식이 인지발달에 가장 효율적인 학습 형태라고 설명하고 있는 피아제의 교육관을 모두 실현할 수 있는 아주 훌륭한 교육활동이다.

텃밭은 '집터에 딸려있거나 집 가까이에 있는 밭'이라는 사전적 의미에서 알 수 있듯이 접근성이 용이하며 일상생활영역 안에 있는 친숙한 공간임을 의미한다. 아이들이 수시로 드나들며 친밀감을 느낄 때 텃밭활동을 통해 자연과 상호작용할 수 있으며, 아이들이 자연과 함께하고 있다는 공존의식을 가질 수 있는 공간임을 의미한다. 매일 자주 드나들 수 있도록 접근성이 용이하고 친숙한 텃밭이어야 텃밭활동을 교육과정과 연계할 수 있으며, 텃밭활동을 통한 양육의 경험이 아이들의 일상생활 속에서 충분히 이루어질 수 있다. 배움은 과정 속에서 일어날 때 즉 맥락적 사고를 할 때 지식이 의미 있게 구성되기 때문이다.

정원은 아름다운 것을 좋아하는 아이들의 특성을 살려 초록 중심인 텃밭에 사계절 꽃을 심어 아름답게 가꿈으로써 미학을 더한 텃밭정원이 되기를 바라는 뜻을 담고 있다. 텃밭은 주로 녹색 채소를 중심으로 새, 곤충, 벌레 등 배움의 소재가 되는 생물들의 유입이 한정된다. 반면 텃밭활동에 꽃이 있는 정원을 포함시키면 심미적으로도 아름답고 다양한 생물체들이 유입된다. 텃밭활동에서 다양한 생물들을 만나기 위해 향기 있는 허브와 사계절 아름다운 꽃을 피우고 씨앗을 맺는 식물들도 함께 키우는 공간을 포함시키도록 한다. 또한 텃논이나 연못과 같은 수생식물을 키우는 공간을 확보할 때 좀 더 확대된 생태계를 경험할 수 있다. 따라서 텃밭활동은 녹색 채소만이 아니라 꽃과 물이 함께 있는 정원을 포함시켜 심미적 아름다움으로 어린이들의 시선을 끌게 하고 다양한 생물이 유입되어 배움의 중요한 공간이 되도록 할 필요가 있다.

텃밭에서 만나는 자연의 소재로 놀잇감을 만들고, 그림을 그리고, 노래를 부르고, 텃밭 도구로 활용하는 가운데 자연의 순환과 자연물의 아름다움, 가치 등을 인식하고 깨닫게 된다.

"텃밭정원은 꿈이에요."라고 말했던 일곱 살 이슬(텃밭 예명)이는 텃밭정원이 너무 좋고 예뻐서 여기에서 매일 매일 살면서 꽃, 곤충, 열매들을 그리는 화가가 될 거라고 말했다.

이처럼 배움텃밭정원은

첫째, 학습자 스스로의 경험으로 놀이를 통해 배움이 되는 공간이 되어야 한다.

둘째, 텃밭이 가까이 있어 접근성이 용이하고, 친숙한 공간이 되어 자연과 자유롭게 상호작용하는 과정을 살필 수 있어야 한다.

셋째, 정원이 포함되어 심미적이고, 다양한 생물들이 있어 자연생태계를 경험할 수 있는 공간이 되어야 한다.

끝으로 이러한 공간에서 이루어지는 텃밭활동은 놀이중심, 아동중심의 누리교육과정과 일치한다는 점이다.

배움텃밭정원은 교육기관 가까이에 조성된 농장으로 텃밭, 옥상, 상자, 베란다 등을 활용해서 아동(영유아), 교사, 학부모가 함께 동식물을 가꾸고 관찰하고 배우는 활동을 통하여 학습자가 주체가 되는 교육, 지속 가능한 생태적 환경, 공동체 문화, 정서함양 등의 다원적 가치 향상을 목적으로 하는 공간이라 하겠다. 또한 이 공간에서 이루어지는 활동을 배움텃밭정원활동이라 하겠다(김심환 외, 2012).

배움텃밭정원활동의 주제

배움텃밭정원은 학습자가 주체가 되는 배움의 공간이어야 하며, 가까이 있어 접근성이 용이해 친숙한 공간으로 자연과 자유롭게 상호작용할 수 있어야 하며, 정원이 포함되어 아름답고 다양한 생물들이 있는 생태계를 통해 심미적 경험을 할 수 있는 공간이어야 한다. 그리고 이러한 공간에서 이루어지는 텃밭활동은 일상생활 활동 속에서 이루어져야 한다. 그럴 때 아이들은 일상생활 가운데 식물 돌봄을 통해 양육의 경험을 충분히 할 수 있고, 생명을 소중히 여기며 자연을 친근하게 느끼면서 스스로도 자연의 일부로 인식하게 된다. 이와 같은 내용을 보다 구체화하기 위해 배움텃밭정원의 다섯 가지 배움 주제를 다음과 같이 두고 있다.

하나. 생명의 주기 이해하기(식물 심고 돌보기)

작은 씨앗을 흙에 심고 물과 거름을 주면서 가꾸고 돌보는 일, 즉 식물 양육활동을 통해 식물이 담고 있는 생명의 신비를 탐색하고 발견하는 과정이다. 다양한 동식물의 특성과 생명의 주기를 이해하는 가운데 지구 생명의 소중함을 익히는 주제다.

둘. 생각의 깊이 더하기(그림책으로 만나는 텃밭정원)

배움텃밭정원에서 만나는 궁금증과 의문을 아이들 스스로의 힘으로 찾아볼 수 있게 그림책과 텃밭활동을 연계해가는 과정이다. 아이들이 책을 통해 자신의 삶의 원칙을 깨닫고, 생각의 깊이를 더해가는 경험이 축적됨으로써 자연과 책을 더 가까이하는 생활습관으로 이어질 수 있다. 즉 사유하는 능력(생각력)을 넓히는 주제다.

셋. 요리로 열어가는 건강과 환경(수확물을 활용한 요리)

텃밭은 '천연냉장고'라고 불릴 만큼 요리활동에 도움을 주는 멋진 공간이다. 요리는 아이들이 매우 흥미 있어 하는 주제로 자신이 심은 씨앗이 자라서 꽃과 열매를 맺고 그것을 수확하고 요리해서 함께 먹는 과정까지의 경험을 통해 깊은 희열을 느낀다. 이러한 경험은 식습관 형성을 돕고, 자연에 담긴 영양과 건강 정보 등을 앎으로써 건강과 환경을 생각하게 하는 주제다.

넷. 미적 감정과 창의력 키우기(식물을 이용한 놀이)

텃밭정원은 체험에 근거한 창조의 공간이다. 순간순간 변화하는 자극은 아이들에게 새로운 생각을 떠올리게 하고 무엇인가를 시도하게 만든다. 텃밭정원의 경험은 생각에서 그치지 않고 실천으로 옮기게 한다. 아름다운 꽃을 보면 향기를 맡게 하고, 떨어진 줄기나 잎을 주워 관찰하고 놀잇감으로 활용하는 모습을 보인다. 궁금한 게 있으면 망설이지 않고 질문하고 자신이 느낀 자극에 대해 매우 다양하고 적극적인 방법으로 표현한다. 텃밭정원에서 느낄 수 있는 다양한 감각들을 통해 놀이와 생각을 촉진시킴으로써 그리고, 만들고, 기록하고, 설명하고, 새로운 구성으로 이끄는 등 창의력과 미적 감정을 키우는 주제다.

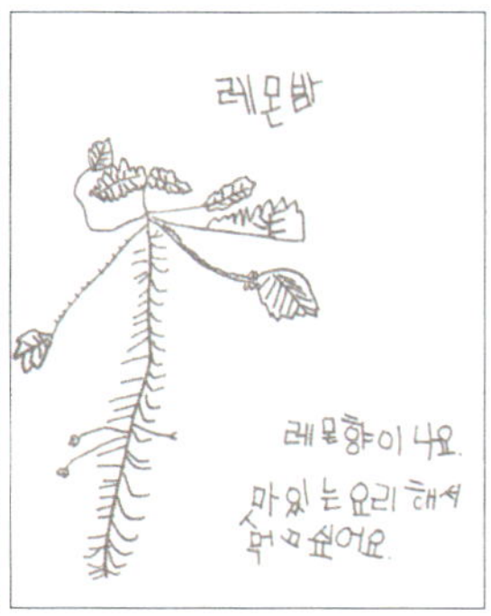

다섯. 협력을 통한 역동성(좋은 관계 맺기)

텃밭정원에서 아이들은 열광한다. 시시각각 변화하는 현상들 속에서 다양한 자극을 받기 때문이다. 이러한 자극은 아이들이 자연과 친구가 되게 한다. 자연과 친구가 된다는 것은 식물에게 물을 주고, 꺾이지 않도록 지주를 세우고, 건강하게 자라도록 거름을 주는 등 자주 보살피고 격려하는 마음을 가진다는 것이다. 이러한 마음은 친구, 선생님, 부모님, 이웃들과의 관계로도 확장되어 친밀감을 형성함으로써 생활에 역동성을 가져다주는 주제다.

배움텃밭정원에 담아야 할 가치

감자자루텃밭과 한련화

지렁이 키우기

난각칼슘 만들기

학습자가 주체 되기

가르치려 하거나 지시하지 않기. 일방적으로 이끌지 않고 어린이 스스로 배우도록 지원하기.

아름답고 멋스러운 공간 만들기

미적 감정을 느낄 수 있도록 아름다운 꽃과 허브를 심어 향기 나는 텃밭정원 가꾸기.

생물 다양성 존중하기

식물과 곤충 등 다양한 생물이 함께 자라는 공간으로 만들기 위해 텃논과 연못 만들기.

풍년을 기대하되 배움을 놓지 않기

벌레 먹은 잎과 열매, 떨어진 꽃과 못난이 열매, 자라지 못했거나 시들어 버린 식물도 배움의 소재가 되도록 지원하기.

거름주기

호박 수확하기

오이덩쿨손(오이더듬이)

생명을 소중하게 여기기

죽은 식물, 작은 벌레와 풀 한 포기도 소중하게 여기고 깊이 교감하도록 지원하기.

생명의 주기 이해하기

가능한 씨앗으로 시작해 씨앗으로 맺는 텃밭 가꾸기를 통해 생명의 온전한 주기를 경험하도록 돕기.

편리성과 안전성을 함께 고민하기

텃밭의 접근성을 높여 친근함을 가지게 하고, 어린이에게 맞는 도구를 지원해 편리성과 안전성을 확보하기.

생태순환 이해하기

심고 가꾸기 → 수확하기 → 부산물과 배설물(오줌액비) 퇴비화 하기 → 텃밭에 퇴비주기 → 다시 심고 가꾸기의 생태순환형 텃밭정원 가꾸기

수생식물 연못

개미관찰

2

배움텃밭정원 만나기

- 배움텃밭정원 가꾸기에 필요한 준비물
- 식물 키울 때 사용하는 말
- 텃밭정원의 병해충 알기

배움텃밭정원 가꾸기에 필요한 준비물

텃밭정원을 가꾸면서 필요한 농기구 및 농자재는 텃밭을 계획할 때부터 미리 구입해 두면 좋다. 선생님이나 부모님 그리고 아이들이 사용할 걸 생각해 성인용과 어린이용으로 구분해 구입하는 게 좋다. 특히 농기구와 농자재에 따라서는 위험할 수 있으므로 어린이 신체에 맞는 크기를 준비한다면 보다 안전하고 즐겁게 사용할 수 있다.

호미
풀을 맬 때 등 사용이 다양하다.

쇠스랑
텃밭 부산물 들을 긁어모으는 일에 유용하다.

삽
흙을 담을 때, 퍼낼 때, 거름과 섞을 때 등, 여성용 또는 아동용 삽이 판매되므로 용도에 맞게 선택하여 구입한다.

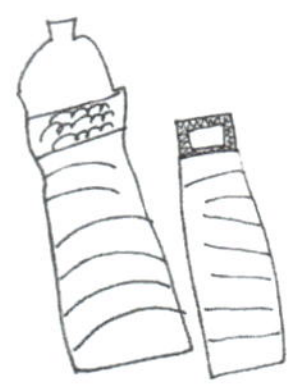

빈 패트병
모종심기, 액비 만들기, 물주기, 씨앗 보관 등 다 양하게 사용한다.

전지가위
곁가지나 가지치기, 열매따기 등 다양하게 사용한다.

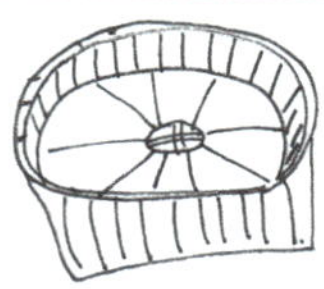

바구니
수확물을 담는 용도로 그릇을 사용한다.

스프레이
병해충 방제나 영양제를 뿌려줄 때 사용한다.

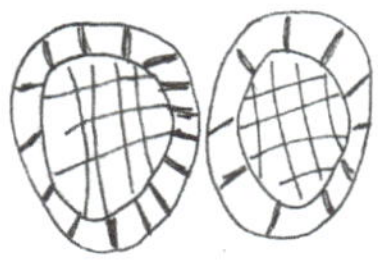

채반
수확물을 말리는 용도로 그릇을 사용한다.

모종삽
모종심기, 소량의 흙 떠내기 등에 유용하다.

모자와 장갑
직사광선을 막아주고 손의 위생과 피부손상을 줄인다.

지렁이분변토
지렁이가 만든 똥으로 만든 유기질 천연 비료로 웃거름으로 사용한다.

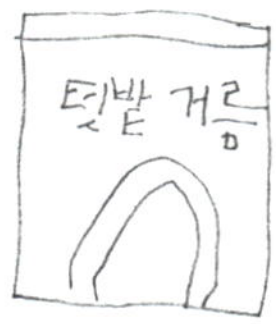

유기질 퇴비
톱밥이나 수피, 미강을 혼합하여 만든 천연유기질 비료로 밑거름으로 사용한다.

트레이
모종 기르기에 사용한다.

토시
텃밭가꿀 때 팔을 보호하고 옷이 버리지 않도록팔에 착용한다.

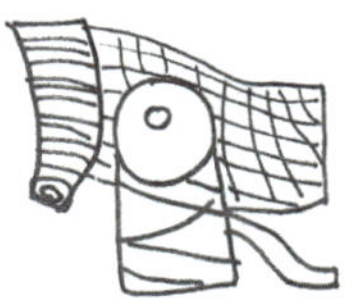

끈, 그물망
지주와 작물을 묶는 일에 사용하거나 덩굴식물을 키울 때 사용한다.

물뿌리개
작물에 물을 줄 때 사용한다.

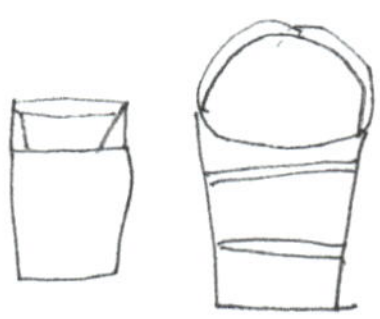

화분
큰 상자 화분이 없거나 모종이나 작물을 한 그루씩 따로 심을 때 사용한다.

장화
발을 보호하거나 진흙땅에 발이 빠지지 않도록 하기 위해 신는다.

큰바구니
열매나 채소를 많이 수확할 때 담는 바구니로 사용한다.

지주
키가 큰 작물을 쓰러지지 않도록 작물에 꽂아 묶어주는 용도로 사용한다.

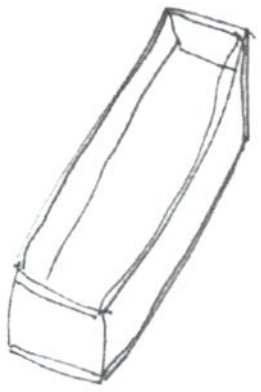

상자텃밭
상자에 흙을 담아 작물을 심고 가꿀 때 사용한다.

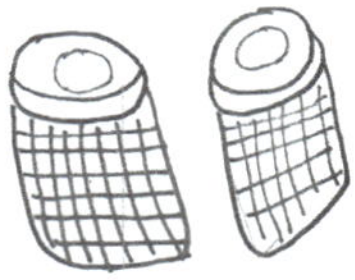

씨앗바구니
씨앗을 채종할 때 또는 씨앗을 보관할 때 사용한다.

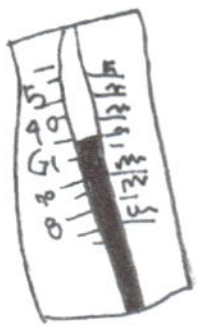

온도계
온도를 측정하는데 사용한다.

작업용 앞치마
몸과 옷을 보호하기 위해 착용한다.

호스
텃밭에 물주기할 때 사용하면 편리하다.

작물이름표
식물을 심고 이름을 써서 텃밭에 꽂아준다.

그림© 그림 그리기를 좋아하는 손채민(6살).

식물 키울 때 사용하는 말

텃밭을 가꿀 때 어려운 것 중 하나가 일상생활에서 경험하지 않았던 용어들이 자주 등장한다는 것이다. 파종, 채종, 모종, 지주, 정식, 웃거름 등 처음 접하는 용어들이 많고, 특히 아이들에게는 더욱 낯선 단어들이라 처음에는 어렵게 느껴지기 마련이다. 하지만 텃밭을 가꾸면서 자연스럽게 반복적으로 사용하다보면 어느새 익숙하게 사용하는 모습을 볼 수 있다. 이러한 기회는 아이들에게 어휘력을 증가시키고 텃밭 가꾸기에 즐거움을 더해주는 요소로 작용한다.

텃밭 : 집터에 딸리거나 집 가까이 있는 밭.

농기구 : 농사를 짓는 데 쓰는 기구.

작물 : 논밭에 심어 가꾸는 곡식이나 채소로 재배되는 모든 식물.

재배 : 식물을 심어 가꿈. '기름'으로 순화.

온상 : 인공적으로 따뜻하게 하여 식물을 기르는 설비.

사토 : 모래가 많이 섞인 흙.

양토 : 배수(排水), 보수력, 통기성이 적당하여 모든 작물 재배에 알맞은 흙.

배양토 : 식물을 기르는 데 쓰기 위하여 인위적으로 거름을 섞어 만든 흙(주로 모종을 기르는데 사용하는 흙).

퇴비 : 풀, 짚 또는 가축의 배설물 따위를 썩힌 거름.

거름 : 식물이 잘 자라도록 땅을 기름지게 하려고 주는 물질. 똥, 오줌, 썩은 동식물, 광물질 따위가 있음.

비료 : 토지의 생산력을 높이고 식물의 생장을 촉진하는 물질로 질소, 인산, 칼륨을 비료의 3요소라고 함.

액비 : 물거름(액체로 된 거름).

녹비 : 풋거름(생풀이나 생나무 잎으로 만든, 충분히 썩지 않은 거름). '풋거름'으로 순화.

밑거름 : 씨를 뿌리거나 모종하기 전에 주는 거름.

웃거름(덧거름) : 씨앗을 뿌린 뒤나 모종을 옮겨 심은 뒤에 주는 거름.

종자(씨앗) : 식물에서 나온 씨 또는 씨앗.

종근 : 최초로 형성된 뿌리.

구근 : 둥근 모양이나 덩어리 모양으로 된 줄기나 뿌리를 통틀어 이르는 말.

파종 : 곡식이나 채소 따위를 키우기 위하여 논밭에 씨를 뿌림.

직파 : 직접 씨를 뿌리는 일. '바로 뿌림'으로 순화.

발아 : 씨앗에서 싹이 틈.

떡잎 : 씨앗에서 움이 트면서 최초로 나오는 잎.

본잎 : 떡잎 다음에 나오는 잎.

모종 : 옮겨 심으려고 가꾼, 벼 이외의 온갖 어린 식물. 또는 그것을 옮겨 심음.

솎음질(솎아내기) : 배게 난 채소 따위를 솎아내는 일.

북주기 : 순 우리말로 식물이 잘 자라고 넘어지지 아니하게 뿌리나 밑줄기를 흙으로 두두룩하게 덮어 주는 일.

지주 : 작물이 쓰러지지 아니하도록 버티어 괴는 기둥. '받침대', '버팀대'로 순화.

순지르기 : 초목의 곁순을 잘라내는 일.

곁순(곁가지) : 풀이나 나무의 원줄기 곁에서 돋아나는 순 또는 가지.

수확 : 익은 농작물을 거두어들임.

채종 : 좋은 씨앗을 골라서 받음.

돌려짓기 : 같은 땅에 여러 가지 농작물을 해마다 바꾸어 심는 일.

연작 : 이어짓기와 같은 말로 같은 땅에 같은 작물을 해마다 심어 가꾸는 일.

정식 : 온상에서 기른 모종을 밭에 내어다 제대로 심는 일. '아주 심기'로 순화.

번식 : 붇고 늘어서 많이 퍼짐.

삽목 : 식물의 가지, 줄기, 잎 따위를 자르거나 꺾어 흙 속에 꽂아 뿌리 내리게 하는 일. 꺾꽂이로 순화.

잎채소(엽채) : 주로 잎을 먹는 채소. 배추, 시금치, 상추, 근대 따위가 있음.

뿌리채소(근채) : 뿌리 또는 땅속줄기를 먹는 채소. 무, 우엉, 토란, 당근, 연근, 마늘 따위가 있음.

열매채소(과채) : 열매를 먹는 채소. 가지, 오이, 토마토 따위가 있음.

줄기채소(경채) : 줄기를 식용하는 채소. 양배추, 죽순, 아스파라거스 따위가 있음.

덩굴식물 : 줄기가 길쭉하여 곧게 서지 않고 다른 물건을 감거나 거기에 붙어서 자라는 식물. 고구마, 완두, 오이, 박, 수세미, 따위가 있음.

고랑 : 두둑한 땅과 땅 사이에 길고 좁게 들어간 곳을 이르는 말.

두둑 : 논이나 밭을 갈아 골을 타서 두두룩하게 흙을 쌓아 만든 곳.

이랑 : 갈아 놓은 밭의 한 두둑과 한 고랑을 아울러 이르는 말.

보수력 : 흙이 수분을 보존할 수 있는 힘.

보비력 : 거름기를 오래 지속할 수 있는 땅의 능력.

경운 : 논밭을 갈고 김을 맴.

텃밭정원의 병해충 알기

병해충은 예방이 최우선이다. 병균이나 해충은 텃밭에 퇴비 등 유기질비료를 너무 많이 넣어 흙에 질소 성분이 과다한 경우, 작물 간 간격을 두지 않고 너무 촘촘하게 많이 심는 경우, 흙이 너무 건조하거나 습기가 과다한 경우에 생기기 쉽다. 해충은 흙 또는 나비 등의 곤충 알을 통해 주로 발생하는데, 아이들과 함께 가꾸는 텃밭활동에서는 약부터 뿌리기보다 병이 생긴 작물을 바로 제거하거나 벌레들을 잡아서 사육상자(관찰통)에 넣어 키우는 등 관찰하는 즐거움으로 연계하는 방법이 좋다.

참고 **병해충 예방하기**

- 퇴비 등 비료를 정량으로 뿌리기.
- 작물 간 적당한 거리 두고 심기.
- 흙이 너무 건조하지 않게 물 관리하기.
- 이어짓기(연작), 돌려짓기(윤작), 섞어짓기(혼작) 등 작물의 특성을 살펴서 심기.
- 자연농약(천연살충제)을 만들어 병해충 발생 전 예방하기.
- 병이 생긴 작물은 바로 뽑거나 잘라서 제거하기.
- 벌레가 보이면 잡아서 사육상자에 키우며 관찰하기.

작물 간 거리를 둔 텃밭의 예

배추

김장 무

시금치

이어짓기(연작)을 피해야 하는 기간

이어짓기는 같은 종류 또는 같은 과의 채소를 같은 토양에 연이어 재배하는 것을 뜻한다. 이어짓기를 하면 병해충이 많이 발생하고 잘 자라지 않는, 즉 연작피해를 입는 작물들이 있다. 각 작물별 연작이 가능한 기간을 알아보고, 연작 피해를 막기 위해 채소의 종류를 번갈아 재배하는 '돌려짓기(윤작)'를 권장한다.

연작 가능 기간	해당 작물
연작 피해가 적은 작물	조, 수수, 옥수수, 호박, 당근, 고구마, 양파, 부추
1년	시금치, 비트, 양배추, 무, 브로콜리, 래디시(체리무), 상추, 샐러리, 콩, 파
2년	배추, 오이, 감자, 땅콩
3년	토마토, 피망, 강낭콩
5년	가지, 완두

섞어짓기(혼작)하면 좋은 작물과 피해야 할 작물

섞어짓기는 서로 다른 작물을 한 공간에 함께 심는 것을 이르는 말이다. 함께 심으면 작물 간 궁합이 잘 맞아 해충을 방지해 주거나 저항성을 높여 주는 등 좋은 영향을 주는 동반작물이 있는가 하면 함께 심으면 느리게 자라거나 잘 자라지 못하는 등 피해를 입는 작물들이 있다. 아래의 내용을 잘 참고하여 작물이 자라는 데 도움이 되도록 한다.

작물	함께 심으면 좋은 식물	함께 심기를 피해야 하는 식물
딸기	페튜니아(열매를 잘 맺게 하고 해충 예방)	콩, 부추(영양분 손실)
래디시 (체리무)	바질, 콩, 당근, 오이, 상추	양배추,시금치
당근	상추, 양파, 토마토, 무, 래디시	딜
배추	금잔화(해충 막아줌)	-
상추	브로콜리, 양배추, 당근, 양파	부추
시금치	파	브로콜리, 양배추,무
수박	옥수수, 대파	-
고추	들깨, 배추, 양배추	-
오이	대파, 콩, 브로콜리, 양배추, 옥수수, 래디시, 토마토	감자, 세이지
옥수수	감자, 콩, 오이	땅콩
완두	가지, 콩류, 당근, 오이, 옥수수, 토마토	마늘, 양파, 차이브
토마토	땅콩, 부추, 당근, 양파, 오이	감자
호박	대파, 옥수수,	감자
가지	땅콩, 파슬리, 부추	
감자	콩, 옥수수, 브로콜리, 양배추	오이, 토마토, 피망
강낭콩	옥수수, 감자	-
양파	캐모마일, 토마토, 양상추	콩

자연농약(천연살충제) 만드는 방법

난황유 만들기

난황유는 진딧물, 총채벌레, 응애, 노균병, 흰가루병 등에 효과적이다.

준비물 : 계란 노른자 1개, 식용유 50ml, 물 100ml

a. 계란 노른자에 물 반 컵을 넣고 믹서기에 3분 정도 섞는다.

b. a에 소주잔 한 잔 정도의 식용유를 넣고 믹서기로 다시 3분 정도 섞는다.

c. 만들어진 난황유를 물에 100배 희석하여 사용한다.

d. 5~7일 간격으로 3~5회 이상 잎과 새순에 골고루 뿌린다. 특히 잎 뒷면까지 충분히 뿌려야 효과가 있다.

식초 활용하기

식초는 진딧물, 나방류의 애벌래 발생 예방에 좋다. 식초는 원액 그대로 사용하면 작물의 잎이 타버리므로 반드시 물(50) : 식초(1)의 비율로 희석해서 작물에 충분히 뿌려 준다.

마요네즈 활용하기

마요네즈는 대표적인 천연살충제로 난황유 대신 사용한다. 진딧물, 응애, 총채벌레 방제에 효과가 있다. 물(50) : 마요네즈(1)의 비율로 희석해 작물의 잎 앞면과 뒷면에 뿌려 준다.

계피 희석액 만들기

계피액은 특히 총채벌레와 집먼지진드기에 효과적이다.

준비물 : 계피 30g, 에탄올 100g, 물 100ml

a. 계피와 에탄올, 물을 섞어 중탕으로 끓인다(에탄올이 있으므로 주의가 필요하다. 에탄올 사용이 위험한 대상과 만들 때는 에탄올을 생략하고 계피와 물만 섞어 끓여 사용해도 효과가 있다).

b. 만들어진 계피 원액은 물과 3:7의 비율로 희석하여 작물에 뿌려 준다.

그 외에도 자연농약(천연살충제)으로 목초액, 미생물농약, 베이킹소다 등을 이용해 병해충을 예방하거나 피해를 줄일 수 있다.

참고

병해충이 심각할 경우에는 가까운 농자재마트나 지역별 농업기술센터 등에 문의하여 친환경 농약 등 관련 안내를 받는다.

3

배움텃밭정원 가꾸기

- step 1 심기 전 준비하기
- step 2 씨앗 뿌리기
- step 3 모종 심기
- step 4 잘 기르기
- step 5 수확하기

step 1. 심기 전 준비하기

텃밭

텃밭의 형태는 다양하게 있지만 교육기관에서 운영하는 텃밭은 노지텃밭보다는 다양한 모양과 크기의 상자, 화분, 자루 등을 활용한 텃밭이 관리하기에 좋다.

K연구소 노지텃밭

베드텃밭

심지관수상자텃밭

바퀴달린 상자텃밭

H어린이집 옥상텃

텃논

자루텃밭

스티로폼 상자텃밭

K어린이집 옥상텃밭

청바지화분텃밭

텃밭의 규모는 가꾸는 사람의 수와 작물 재배에 들일 수 있는 시간 등을 생각해 부담이 없는 정도에서 시작하고 차츰 늘여가는 것이 좋다. 처음부터 규모를 크게 시작하면 지속적으로 관리 운영하는 데 어려움이 있다.

흙

식물이 잘 자라는 좋은 흙에는 식물의 영양분을 만드는 유익한 미생물이 많으며 미생물의 먹이가 되는 유기물도 풍부하다. 이러한 흙은 여러 개의 알갱이가 모여 덩어리를 이루는 모양(떼알구조)을 하고 있어 공기가 잘 통하고 물이 잘 흡수되며 동시에 잘 배수되는 특성 또한 가지고 있다. 노지텃밭이 아닌 상자나 자루 등으로 텃밭을 만드는 곳에서는 위의 조건에 맞게 제작하여 상품화된 인공토양이 용도에 따라 판매되고 있으니 여건에 맞게 구매해서 사용한다.

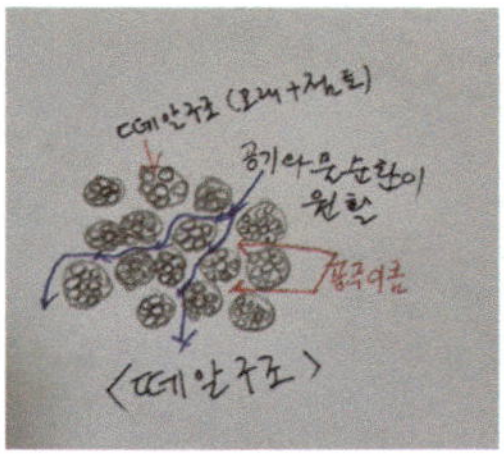

좋은 흙의 구조

떼알구조의 흙

피트모스

코코피트

상토(모종재배)

수도용상토(벼모종재배)

사토(모래흙)

부엽토

- 코코피트는 코코넛 껍질에서 섬유질을 제거한 뒤 가공하여 만든 유기물질.
- 피트모스는 물이끼, 수초 등으로 이루어진 퇴비 형태의 흙.
- 부엽토는 풀이나 낙엽 따위가 썩어서 된 흙으로 원예에 주로 사용.

거름(비료, 퇴비)

식물이 자라는 데 필요한 것으로는 물과 햇빛 그리고 무기영양소(산소, 수소, 질소, 탄소, 칼륨, 인산과 칼슘과 마그네슘 등 미량의 필요원소)가 있다.

과거 조상들은 주로 농사에서 나오는 부산물과 인분 등을 섞어 퇴비를 만들어 생태순환농법을 중심으로 농사를 지었다. 몇 년 전부터 우리나라에도 도시농업이 활성화되면서 농업기술센터나 인터넷을 통해 다양한 퇴비발효통이 공급 판매되고 있다. 음식물 찌꺼기, 텃밭 부산물 등에 발효제나 발효미생물을 넣어 퇴비를 직접 만들어 사용하거나, 계란 껍질, 쌀뜨물 등을 이용한 자연비료를 텃밭 작물 가꾸기에 사용하는 도시농부들이 늘고 있다.

시중에서 판매하고 있는 비료(거름)는 화학비료와 유기질비료가 있다.

무기질 화학비료

유기질비료 유박

유기질 퇴비

유기질 지렁이분변토

• 유박은 기름을 짜고 남은 깨의 찌꺼기로 만든 유기질비료로 밭의 거름으로 쓰임.

화학비료는 식물이 자라는 데 필요한 영양소를 화학적으로 만들어 낸 것으로 냄새가 없고, 비교적 가격이 저렴하며, 흡수가 빨라 식물성장에 바로 효과를 볼 수 있다. 하지만 화학비료는 무기영양소로 미생물의 도움이 없는 작물에 흡수되기 때문에 생태순환적인 고리가 연결되어 있지 않다. 따라서 화학비료가 지속적으로 토양에 축적되면 토질이 점점 나빠진다는 비판이 있다.

유기질비료는 텃밭을 가꾸는 과정에서 나오는 부산물, 짚, 낙엽, 풀, 분변, 과일이나 채소의 껍질 등 자연물로 만든 퇴비로 미생물 분해에 의한 생태순환을 기본으로 하고 있다. 퇴비는 미생물의 분해과정을 거쳐야 식물에 흡수가 가능하기 때문에 효과는 느리지만 좋은 흙, 기름진 땅을 만들어 결과적으로는 지속가능한 효과를 볼 수 있다. 이러한 방법의 농사는 전통적으로 내려온 것으로 퇴비농법, 자연농법, 생태순환농법, 유기농법 등으로 불린다.

씨앗(종자)과 모종

씨앗과 모종은 대체로 종묘상이나 인터넷 등에서 구입해 사용하지만, 도시농업이 활성화되면서 지역에서 대대로 재배된 토종씨앗을 키우는 사람들이 많아지고 있다. 토종씨앗은 우리나라의 기후와 풍토에 잘 적응한 작물로 씨받는 농사라고 부를 만큼 씨를 심고 씨를 받아서 이듬해 농사에 사용할 수 있어 경제적이다.

텃밭 가꾸기를 처음 하는 초보자의 경우라면 씨앗보다는 모종으로 시작해 차츰 씨앗으로 넓혀가는 게 좋다.

씨앗 구입은 종묘상이나 원예상, 인터넷 등을 통해 구입하면 되는데 씨앗 포장지 뒷면에 있는 포장년월을 잘 확인하고 구입해야 한다.

씨앗의 포장년월은 씨앗 채종 날짜와 같으며 씨앗의 사용기간은 일반적으로 2년 정도이다. 보관방법(방습제와 함께 밀봉하여 냉장보관)에 따라 조금 더 길게 사용할 수 있다. 다만 대파, 들깨, 부추 등은 1년 정도 지나면 발아율이 떨어지므로 구입할 때 당해연도에 포장한 씨앗을 구입해야 한다.

씨앗포장 앞면

감자, 배추, 시금치, 열무 등 작물마다 계절에 따라 종자가 다른 것들도 있으니 심고자 하는 계절과 용도에 맞는지를 확인하고 구입하는 요령도 필요하다.

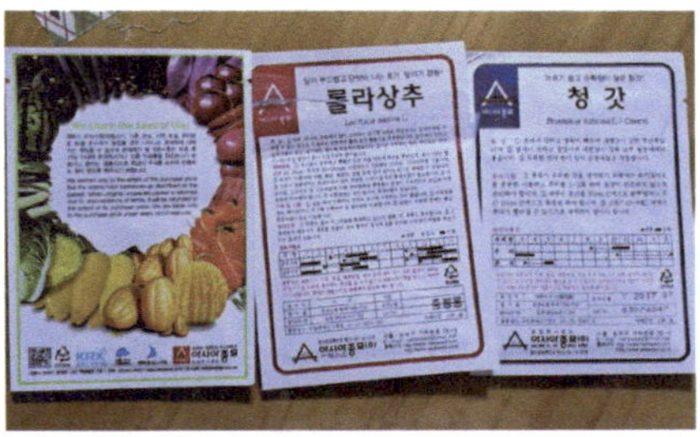

씨앗포장 뒷면

step 2. 씨앗 뿌리기

씨앗을 뿌리는 방법으로는 흩어뿌리기, 줄뿌리기, 점뿌리기(포기뿌림)가 있다.

흩어뿌리기

씨앗을 흙에 골고루 흩어뿌리고 흙을 덮는 방법으로 상추 같은 아주 작은 씨앗을 심을 때 이용하는 방법이다.

줄뿌리기

호미나 나뭇가지, 손가락 등으로 골을 내고 골에 맞추어 씨앗을 뿌린 후 흙을 덮는 방법으로 열무, 당근, 시금치 등을 심을 때 줄뿌림을 한다.

점뿌리기(포기뿌림)

작물이 자라면서 충분한 공간이 필요한 작물을 심을 때 일정한 간격을 두고 구멍을 낸 후 한 구멍에 씨앗을 2~3알씩 심는 방법으로 콩, 옥수수, 무 같은 작물을 심을 때 점뿌림을 한다.

씨앗을 뿌린 후 흙은 씨앗의 2배 정도로 덮어준다. 흙을 너무 두껍게 덮으면 발아가 늦고 발아율도 낮아질 수 있다.

씨앗을 심고 난 후 손으로 가볍게 눌러주고 부드러운 물줄기를 천천히 조심스럽게 뿌려 물이 흙 속에 잘 스며들도록 한다. 물줄기가 세고 강하면 씨앗이 흙 밖으로 나올 수 있으니 주의한다.

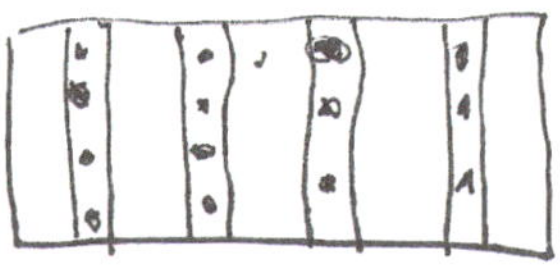
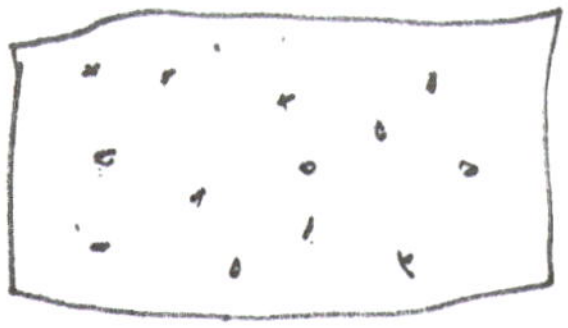
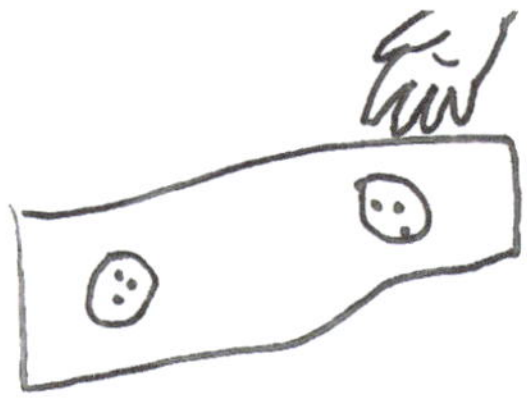

줄뿌림

흩어뿌림

점뿌림

그림© 그림 그리기를 좋아하는 손채민(6살)

참고 식재 디자인하기

아이들과 씨앗을 뿌릴 때 흙과 충분히 교감하게 한 후 어떤 모양으로 씨앗을 뿌리고 싶은지 이야기를 나누면서 흙 위에 그림을 그려본다. 아이들이 그린 그림 중 씨앗 뿌리기에 적합한 그림을 골라 골을 파고 골에 맞추어 씨앗을 뿌린다.

step 3. 모종 심기

모종은 색이 짙고, 줄기가 튼튼하며, 떡잎이 싱싱하고 키가 적당한 것(15cm 정도)을 구입한다.

모종을 미리 구입하는 것보다 가능한 하루 전이나 당일에 구입하는 것이 좋다. 모종에 달린 흙이 적기 때문에 자칫 말라버릴 수 있기 때문이다.

모종을 심는 방법은 다음과 같다.

- 모종에 달린 흙이 말라 있다면 심기 2~3시간 전에 물을 충분히 준다.
- 따뜻하고 바람이 없는 날 심는다.
- 작물에 따라 알맞은 간격의 구덩이를 파고 물을 충분히 붓는다.
- 구덩이의 물이 흙에 모두 스며들면 모종에 달린 흙이 부서지지 않게 꺼내 구덩이에 넣는다.
- 모종에 달린 흙이 구덩이 속으로 깊이 들어가지 않도록 주의하며 흙을 덮는다.

〈모종 심는 순서〉

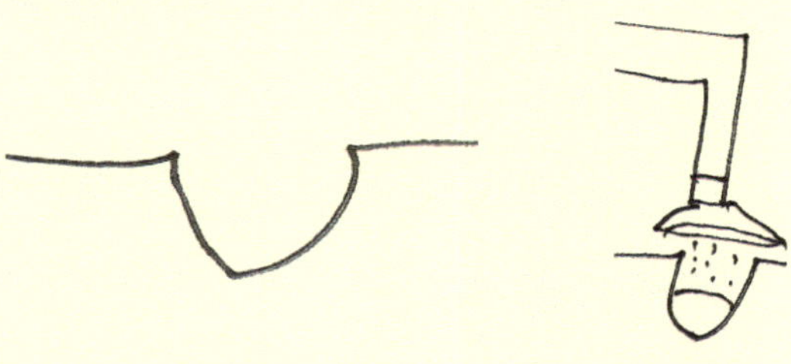

구덩이 파기 　 물넣기 　 모종 넣고 흙덮기

그림© 그림 그리기를 좋아하는 손채민(6살)

〈모종 심는 방법〉

모종에 달린 흙이 텃밭 흙의 높이와 같도록 심는다.

모종을 너무 깊게 심으면 뿌리가 숨을 쉬기 어렵다. 떡잎이 흙 속으로 들어가면 안 된다.

그림© 그림 그리기를 좋아하는 손채민(6살)

참고

토마토, 가지, 오이, 고추 등 열매채소 모종은 마지막 서리가 끝난 후(일반적으로 4월 말 이후)에 심는다. 미리 심어 서리를 맞으면 서리 피해를 입어 작물이 자라는 데 방해가 된다. 날씨가 따뜻하다고 모종을 서둘러 심지 않도록 주의한다. 본서 '4장 연령별 추천 작물 가꾸기 편'을 참고하여 심는 시기를 정한다.

step 4. 잘 기르기

작물을 잘 가꾸기 위해서는 심는 시기를 잘 맞추고 물주기와 거름하기, 병해충 관리하기를 잘해야 한다.

물주기

물주기는 계절별로 다를 수 있는데 봄과 가을에는 따뜻한 낮에 물을 주고, 여름에는 뜨거운 낮 시간을 피해 아침과 저녁에 물을 준다.

물은 겉흙이 말랐을 때 주며, 한 번 줄 때 충분하게 주는 것이 조금씩 자주 주는 것보다 좋다.

물주기에서 실패하는 경우는 겉흙만 젖도록 물을 잠깐 주는 경우이다. 이러한 경우 흙 속에 물이 없어 뿌리가 땅속 깊이 뻗지 않기 때문에 작물이 약하게 자라고 병해충에도 약하다. 물주기가 농사의 반이라는 말이 있다.

거름주기

거름주기는 크게 밑거름과 웃거름(덧거름)으로 나눈다.

● 밑거름

밑거름은 씨앗이나 모종 심기 1~2주 전 밭에 뿌리고 흙과 섞는 것을 이른다. 상자텃밭이나 자루텃밭 등에 사용하는 거름은 지렁이 분변토나 냄새가 적은 친환경 유박 등을 사용하는 걸 권장한다. 근래 커피박, 음식물, 깻묵 등으로 만든 다양한 종류의 친환경 유박이나 퇴비가 생산 시판되고 있으니 텃밭의 환경과 규모, 비용, 안전 등을 살펴서 사용하면 된다.

● 웃거름

웃거름은 작물이 성장하는 과정에서 필요한 거름으로 작물의 생육기간이나 작물의 특성에 따라 조절하여 줄 수 있다. 상추, 시금치, 열무 등 잎채소는 밑거름으로 충분하며 무, 감자 등 뿌리채소와 토마토, 오이, 가지 등 열매채소는 웃거름이 필요하다. 웃거름으로는 밑거름으로 사용한 친환경 유박비료 등 친환경 유기질비료를 사용하면 된다.

웃거름을 줄 때는 작물의 뿌리에 비료가 직접 닿지 않도록 작물에서 10cm정도 거리를 두고 흙을 살짝 판 다음 친환경 유박비료를 넣고 흙으로 덮어주어야 한다.

참고

비료는 유기질비료와 무기질비료(화학비료)가 있다. 친환경 유기질비료를 권장하며 친환경 유박비료, 지렁이분변토(지렁이가 만든 흙), 톱밥과 수피 그리고 미강을 혼합하여 만든 퇴비 등 친환경 유기질비료 사용을 권장한다.

친환경 유박비료

복합비료(무기질)

지렁이분변토

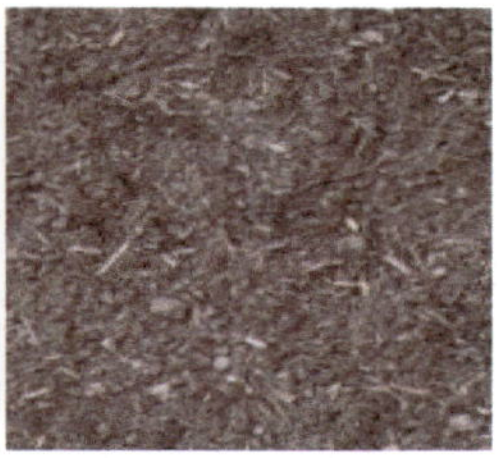
톱밥, 미강퇴비

〈주의〉

- 과다한 비료 사용은 토양을 나쁘게 하고, 작물을 허약하게 하며, 질소 성분이 과잉된 채소는 인체에도 해를 끼친다.
- 발효가 덜 된 거름은 사용하지 않는다. 발효과정에서 나오는 가스로 작물에 피해를 줄 수 있기 때문이다.
- 시중에서 판매하는 퇴비는 짧은 시간 숙성된 것이 많으므로 2~3개월 전에 구입해 완전 숙성시켜서 사용하는 게 좋다.

솎아내기는 씨앗을 뿌릴 때 넉넉하게 뿌리기 때문에 발아율에 따라 보통 1~3회 솎아내기를 하게 된다. 솎아내기를 하지 않고 그대로 키우면 밀집된 공간에서 영양소를 서로 나누다보니 작물이 잘 자랄 수 없다. 심은 작물이 다 자랐을 때 크기를 생각해 적당한 공간을 두는 게 작물 재배의 기본이다. 많은 양을 부실하게 키우기보다 적은 양이라도 튼실하게 키우는 게 중요하다. 작물별 솎아내기는 본서 '4장 연령별 추천 작물 가꾸기 편'을 참고한다.

곁순 따기와 순지르기는 작물이 잘 자라게 하는 데 매우 중요한 과정이다. 무조건 잎이 무성하고 키가 크다고 작물이 잘 자란 건 아니다. 꽃과 열매가 튼실하게 잘 맺고 맛도 좋아야 잘 자란 것이다. 곁순 따기와 순지르기는 작물별로 조금씩 다를 수 있으니 본서 '4장 연령별 추천 작물 가꾸기 편'을 참고하고, 토마토의 곁순 따기, 가지의 아랫잎 따기, 고추의 첫 열매 따주기, 오이 곁가지 자르기 등을 잘 익혀서 제대로 결실을 맺는 텃밭 농사가 되도록 한다.

지주 세우기와 덩굴식물의 견인줄 매기는 작물이 쓰러지거나 바람에 꺾이지 않고 다른 작물에 피해를 주지 않기 위해 반드시 필요한 작업이다. 지주는 작물의 키에 맞춰 1~2미터 정도의 지주 중에서 선택해 설치한다. 지주와 작물을 묶어줄 때 작물의 줄기를 꽉 묶으면 줄기가 자랄 수 없으므로 느슨하게 묶는 것이 중요하다.

지주를 세우는 시기는 뿌리에 피해를 줄이기 위해 모종을 심고 바로 지주를 세운 후 작물이 20cm 정도 자라면 지주와 작물을 묶어 바람에 꺾이지 않도록 하는 게 좋다.

step 5. 수확하기

수확의 기쁨은 누구에게나 행복한 즐거움이다. 잘 키운 수고에 대한 대가이기 때문이다. 아이들과 가꾼 작물을 수확할 때는 오이 한 개, 토마토 한 개 하나하나가 모두 소중한 기쁨이다. 또한 수확은 나눔의 기쁨도 있다. 적지만 함께 나눌 수 있다는 것도 아이들에게 좋은 경험이 된다.

각 작물마다 수확 시기를 잘 맞추는 것이 중요하다. 농사의 기본은 심을 때, 풀 매줄 때, 수확할 때를 아는 것이라고 한다. 때에 맞게 열심히 수확하고 웃거름과 물을 잘 준다면 수확의 기쁨을 더 늘일 수 있다.

작물별 수확 시기와 방법, 수확물 관리 등에 대한 내용은 본서 '4장 연령별 추천 작물 가꾸기 편'을 참고한다.

4

연령별 추천 작물 가꾸기

- **1세** 시금치, 당근, 딸기, 팬지, 라벤더
- **2세** 감자, 토마토, 들깨, 민트, 캐모마일
- **3세** 완두, 강낭콩, 래디시, 로즈마리, 체리세이지
- **4세** 상추, 가지, 옥수수, 한련화, 이탈리안파슬리
- **5세** 오이, 고구마, 수세미, 바질, 딜

1세

추천 작물 **시금치, 당근, 딸기**

추천 꽃&허브 **팬지, 라벤더**

추천 이유 **감각**

1세 시기는 오감을 통해 사물을 탐색하고 흥미 있는 결과를 기대하며 행동을 반복하는 특징을 보이며, 이유식이 필요한 시기로 작물을 선택할 때 오감을 충분하게 느낄 수 있어야 한다. 이유식 만드는 재료로 사용할 수 있고, 작물에 가시가 없고, 키가 작으며, 병해충에 강하고, 지주 등을 설치하지 않고도 잘 자라는 작물이 좋다. 이에 적합한 작물로 시금치, 당근, 딸기를 선정하였다.

작물

텃밭에서 나는 종합영양제 시금치

시금치는 텃밭에서 나는 종합영양제라 부를 만큼 영양소가 많아요. 성장기 아이들에게 꼭 필요한 채소를 직접 우리 손으로 심고 키워서 김밥, 볶음밥, 된장국, 나물로 만들어 먹으면 튼튼한 기운이 쑥쑥! 시금치는 항산화물질이 있어 기억력을 향상시켜주고 치매 예방에도 좋아 어른들에게도 좋은 채소랍니다. 아이들부터 어른들까지 우리 모두의 건강을 지켜주는 시금치 즐겁게 키워봐요.

추천 그림책

이상교 글, 이희은 그림, 사계절

성장과정 한눈에 보기

4월 초순 시금치 씨앗 심기 → 4월 중순 시금치 싹트기 → 4월 하순 시금치 본잎 나오기 → 5월 초순 시금치 수확 → 6월 말 시금치 씨앗 채종하기

✚ 준비물이 필요해요.

시금치 씨앗, 500ml 페트병, 거름(유박), 상자텃밭(60×40cm)

✚ 밑거름을 넣어요.

- 씨앗을 심기 전 한줌 정도의 유박을 넣고 흙과 섞어요.

Tip 새로 구입한 흙을 처음 사용할 때는 밑거름을 넣지 않아요.

Tip 시금치는 산성 땅(우리나라 땅 90%가 산성)에서는 잘 자라지 않아요. 노지에 시금치를 심는다면 밑거름하기 2주 전에 석회를 넣어 약산성으로 중화시키는 과정이 필요해요. 석회가 없다면 알칼리 성분의 계란 껍질이나 숯가루, 재를 넣어도 좋아요.

✚ 씨앗을 심어요.

- 흙에 대한 경험이 없는 영아기이므로 텃밭 가꾸기 전 모래놀이, 흙놀이, 주변 흙 탐색, 흙 담고 쏟기 등 충분한 놀이를 해요.
- 시금치 씨앗을 탐색하고 시금치 이야기를 나누고 교사가 영아의 손가락을 잡고 그림을 그려요.
- 그림을 따라 페트병으로 물을 주어요.

Tip 물 조절이 어려운 경우는 뚜껑에 큰 빨대 굵기 정도의 구멍을 뚫어 사용해요.

- 그림에 씨앗을 뿌려요.
- 씨앗과 씨앗의 간격은 어린이 손가락 한 마디 정도의 간격을 두어요.
- 흙으로 덮고 싹이 날 때까지 관찰해요.

Tip 시금치는 봄과 가을에 심을 수 있고 월동(겨울을 나는)으로 자랄 수 있어 가을에 심어 이듬해 봄에 먹을 수 있어요. 월동한 시금치는 특히 더 달고 맛있답니다(시중에서 월동용 시금치 씨앗을 판매하고 있어요).

✚ 이름표를 만들어요.

- 요플레 빈 통을 이용해 '시금치'라고 이름을 써서 만들어 꽂아 주어요. 영아들에게는 그림을 그려 이름표로 사용하는 것을 권장해요.

✚ 수확해요.

- 시금치 잎이 4~5장 정도 자라면 수확해요. 시금치를 촘촘하게 심은 경우에는 큰 것부터 순차적으로 뿌리째 뽑아 수확하고, 그렇지 않은 경우에는 한번에 모두 뽑아 수확해요.
- 시금치 뿌리는 식용하지 않으므로 수확 후 잘라내어 탐색하거나 놀잇감으로 활용해요.

Tip 수확할 때 시금치를 몇 그루 정도 남겨 씨앗을 맺어가는 과정을 탐색하는 것도 즐거운 경험이 되겠죠?

- 시금치의 잎과 색, 크기 등과 함께 시금치의 질감, 냄새 등에 대해서도 느껴보고 가정에 보내 요리한 것을 어린이집과 공유해요.

놀아요.

- 시금치는 국, 나물, 찌개, 김밥, 샐러드, 피자 토핑 등 다양한 음식에 사용해요.
- 시금치를 갈아 즙을 만들어 그림을 그리거나 한지나 천에 염색을 할 수 있어요.
- 시금치즙으로 밀가루 반죽을 해 놀이에 사용하거나 음식(시금치당근죽)에 활용할 수 있어요.

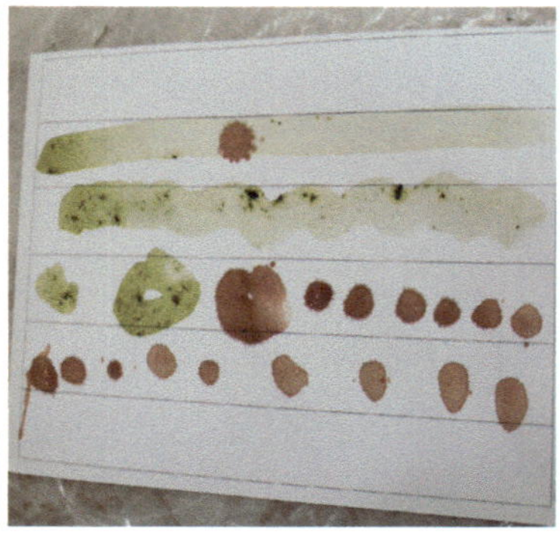

씨앗을 채종해요.

- 여름(7월)에 채종한 시금치 씨앗은 가을(9월)에 심어 키울 수 있어요.

기분 좋은 향기, 아삭 아삭 당근

당근 하면 아이들은 대부분 토끼를 떠올리지요. 학습의 효과일까요? 사실 토끼는 당근도 좋아하지만 토끼풀, 무잎, 배춧잎 등 다른 풀과 채소들도 좋아한답니다. 텃밭정원에 토끼나 닭을 키워 당근과 채소를 나눠 먹이면 동물사랑, 나눔, 생명존중, 보살핌 등을 익힐 수 있어 아이들에게 교육적 효과를 기대할 수 있어요. 아이들이 무조건 좋아하는 당근! 열심히 키워볼까요?

Tip 당근 영양정보 : 주황색 색소인 카로틴으로 항산화작용으로 암예방과 체내 독성물질 제거, 베타카로틴으로 눈을 건강하게, 빈혈과 저혈압 그리고 피로회복, 여드름과 아토피에 도움을 주어 피부를 좋게 만들어요.

추천 그림책

(좌)멜리 글·그림, 책읽는곰
(우)카롤린 펠리시에·비르지니 알라지디 글, 엘리자 제앵 그림, 배유선 옮김, 이마주

성장과정 한눈에 보기

- **봄 당근 :** 4월 하순 당근 씨앗 심기 → 5월 상순 당근 싹 돋아나기 → 5월 하순 당근 솎아내기 → 7월 상순 당근 수확하기
- **가을 당근 :** 8월 상순 당근 씨앗 심기 → 8월 중순 당근 싹 돋아나기 → 9월 상순 당근 솎아내기 → 10월 중순 당근 수확하기

준비물이 필요해요.

당근 씨앗, 500ml 페트병, 거름(유박), 텃밭상자(50×50×50cm), 신문지

밑거름을 넣어요.

- 당근 씨앗을 심기 1주일 전 한 컵 정도의 유박을 넣고 흙과 섞어요.

씨앗을 심어요.

- 텃밭상자의 모양을 따라 선생님 손을 잡고 손가락으로 그림을 그려요. 아이들과 이야기를 나누며 동그라미, 세모, 하트, 별, 달팽이 모양 등으로 그려도 재미있어요.
- 그림을 따라 페트병으로 물을 주어요.
- 그림에 당근 씨앗을 뿌려요.

Tip 씨앗과 씨앗의 간격은 어린이 손가락 한 마디 정도의 간격을 두어요.

- 흙으로 덮은 후 싹이 날 때까지 신문지를 덮어두면 싹이 돋아나는 데 도움이 돼요.

Tip 당근은 햇빛이 잘 들고 물 빠짐이 좋으며 심었던 곳에 다시 심어 연작하면 더 잘 자라요.

이름표를 만들어요.

- 나무 조각에 당근과 토끼 그림을 그리고 글씨를 써서 꽂아 두어요. 영아들은 토끼 인형을 당근밭에 두는 것만으로도 당근밭을 기억할 수 있어요.

✚ 솎아내기를 해요.

- 너무 촘촘하게 자라서 당근이 서로 붙어 자라는 경우 솎아내기를 해요.
- 솎아내기는 당근이 다 자랐을 때를 생각해 당근과 당근 사이가 아이들 새끼손가락 길이 정도의 간격이 되도록 남기고 나머지는 모두 솎아내기를 해요.
- 솎아내기를 하는 것은 당근이 잘 자라는 데 매우 중요해요. 솎아내기를 하지 않으면 당근 크기가 아주 작게 자랄 수밖에 없어요.
- 솎아내기를 한 당근은 아이들과 탐색해요. 아주 작은 당근에서 아이들은 눈을 떼지 못하고 신기해하는 모습을 보인답니다.
- 당근 솎아내기를 한 후 뿌리가 흙 밖으로 나온 당근은 흙으로 덮어주어 당근 뿌리가 녹색으로 변하지 않게 해요.

Tip 텃밭 가꾸는 기관에서 토끼, 닭 등을 키우는 일은 또 다른 놀이이고 즐거움입니다.

수확해요.

- 당근 잎이 자라서 땅에 닿기 시작하면 당근을 수확할 시기가 되었다는 것을 알 수 있어요.
- 당근 잎을 두 손으로 감싸 잡고 위로 잡아당기면 '쑥' 하고 당근이 뽑혀요.
- 수확한 당근은 아이들이 가지고 놀 수 있도록 충분한 시간을 주어요.
- 씻은 당근을 스틱으로 잘라 맛도 보고, 식감도 느끼고, 냄새도 느껴볼 수 있어요.

놀아요.

- 당근의 잎과 뿌리, 색과 모양, 질감 등을 느껴보아요. 잎에도 당근 향이 가득해요.
- 당근 잎은 아이들에게 좋은 놀잇감이 됩니다.
- 수확한 당근은 사과와 함께 갈아서 당근사과주스를 만들 수 있고, 당근계란말이, 당근컵케이크, 당근스무디, 김밥, 카레 등 다양한 요리에 사용할 수 있어요.

Tip 당근은 기름에 볶아 먹어야 카로틴 흡수를 높일 수 있어요. 당근주스를 먹을 때 올리브유를 한두 방울 섞으면 좋아요.

✚ 씨앗을 채종해요.

• 당근을 수확할 때 몇 그루를 남겨두면 꽃이 피고 씨앗이 맺혀요. 씨앗으로 심은 당근을 씨앗으로 만나는 경험을 해보아요.

Tip

• 아이들은 당근 싹을 보고 도깨비 불처럼 생겼다고 말해요. 당근 싹은 다른 작물과 좀 다른 모습으로 돋아나기 때문에 더 관심을 가지게 됩니다.

• 봄 당근은 단맛이 더한 반면 식감이 단단하고, 가을 당근은 단맛이 덜한 반면 식감이 아삭해서 좋아요. 텃밭의 상황에 맞게 계절을 선택해 당근을 키워보세요.

• 페트병에 당근을 심을 수 있어요.

너무 맛있어 딸기!

딸기는 심는 날부터 아이들을 설레게 하는 작물이에요. 꽃을 피우고 꽃잎 사이로 차오르는 딸기 열매를 보는 일은 아이들에게 신비함 그 자체랍니다. 날마다 조금씩 조금씩 커지는 열매를 보면서 아이들도 날마다 날마다 자란다는 사실을 알게 될 즈음 딸기가 빨갛게 익어가기 시작해요. 욕심과 호기심이 많은 아이가 아직 익지도 않은 초록색 딸기를 따서 한입 베어 물었다가 저 멀리 던져버리는 모습이 우습기만 합니다. 반면 아주 소중하게 바라보며 빨갛게 익기를 기다렸던 아이들은 없어진 딸기 열매에 한숨을 내쉬며 아쉬움 가득한 얼굴로 울상을 짓다가도 또다시 피어나는 딸기꽃에 기대감을 가지며 두손을 모으는 천사 같은 아이들의 모습이 잊혀지질 않네요. 자연은 아직 어리다고만 여겨지는 유년기의 아이들에게 기다림, 절망, 희망, 생명, 윤리 등 많은 의미들을 경험하게 합니다. 말없이 묵직하게 말이죠.

추천 그림책

이영득 글, 다호 그림, 비룡소

성장과정 한눈에 보기

4월 중순 딸기밭 만들기 → 4월 하순 딸기 모종 심기 → 5월 상순 딸기꽃과 열매 관찰하기 → 5월 하순 딸기 수확하기

✚ 준비물이 필요해요.

딸기 모종, 500ml 페트병, 거름(유박), 화분(지름 20cm 이상) 또는 상자텃밭(40×60cm)

✚ 밑거름을 넣어요.

- 딸기 모종을 심기 전 유박을 넣고 흙과 섞어요. 지름 20cm 화분에는 유박 반 줌 정도 넣어 흙과 잘 섞고, 40×60cm 상자텃밭의 경우에는 두 컵 정도의 유박을 넣고 잘 섞어요.
- 밑거름을 넣고 1주일 이상 지난 후 딸기 모종을 심어요.

✚ 모종을 심어요.

- 딸기 모종에 달려 있는 흙의 크기만한 구덩이를 파요.
- 딸기 모종과 모종의 간격은 20cm 이상 두어요.
- 지름 20cm 화분에 딸기 모종 한 그루만 심고, 상자텃밭(40×60cm)에는 6그루 정도 심어요.
- 구덩이에 물을 충분하게 넣어요.
- 물이 흙에 모두 스며들고 나면 딸기 모종을 넣고 흙으로 덮어요.

Tip 딸기 모종에 흙이 말랐다면 모종 심기 전에 미리 충분하게 물을 주어요.

이름표를 만들어요.

- 딸기를 담아 파는 플라스틱 용기를 재사용해 이름표를 만들어요. 딸기 이름과 그림을 종이에 그려 투명테이프로 붙이거나, 아크릴물감으로 직접 딸기 그림과 글씨를 쓸 수 있어요.

웃거름을 해요.

- 딸기는 거름을 좋아해요. 꽃봉우리가 맺힐 때, 열매가 열릴 때 웃거름을 하면 딸기가 잘 자라요.

수확해요.

- 딸기가 빨갛게 익으면 수확해요.
- 영아들은 딸기를 따는 즉시 입으로 가져갈 수 있으니 씻어서 먹어야 한다는 것을 미리 알려요.
- 익은 딸기를 수확해야 다음 딸기가 자랄 수 있으니 딸기가 익으면 바로 수확해요.
- 수확한 딸기의 모양, 색, 크기, 냄새, 맛 등을 느껴보아요.

Tip 딸기는 줄기번식을 해요. 수확하는 시기에 번식하는 줄기를 잘라내어 영양분이 손실되는 것을 막아요. 딸기 수확이 끝난 후 번식하는 줄기를 키워요.

놀아요.

- 딸기는 깨끗하게 씻어 바로 먹거나 주스, 스무디 등으로 만들 수 있어요. 또 케이크 등 다양한 간식 메뉴에 사용해요.
- 딸기가 넉넉한 경우 딸기를 마음껏 만지고 주물러 보게 해요. 영아기 아이들은 오감으로 탐색하는 것을 매우 흥미 있어 합니다.
- 유아반에서는 딸기즙으로 염색을 하거나 밀가루 반죽에 사용할 수 있어요.

Tip

- 딸기 모종은 4월 중순 이후 원예상이나 농원 등에서 구입할 수 있어요. 한번 심어놓으면 월동이 되어 다음 해에는 심지 않아도 딸기를 수확할 수 있어요.
- 딸기는 다비작물, 즉 비료를 많이 필요로 하는 작물로 심을 때 유박 등 거름을 충분하게 주어야 큰 딸기를 수확할 수 있어요.
- 페트병에 딸기를 심어 관찰해요.

팬지(비올라)

심기와 물주기

봄에 모종이나 씨앗으로 심어요. 해가 잘 들고 배수가 잘되는 비옥한 땅이 좋아요. 습기와 고온에 약하므로 장마철 물 관리에 주의해요. 줄기가 20cm 정도 자랐을 때 순을 잘라주면 곁가지가 생겨 많은 꽃을 피울 수 있어요.

번식하기

씨앗으로 번식해요. 웃자란 잎이나 줄기, 마른 잎 등을 잘라주고 통풍이 잘되도록 해요.

수확하기

5~7월 사이에 잎과 꽃을 수확해 신선하게 바로 사용하거나 말려두었다가 이용해요.

비료 주기

모종 심기 전 완효성 비료(비료의 효과가 천천히 나타나는 비료로 지효성 비료라고도 함.)를 흙에 섞어요. 웃거름은 하지 않아도 돼요.

이용하기

신선한 상태로 사용하거나 말려두고 이용해요. 샐러드, 비빔밥, 화전 만들기에 사용하거나 말린 것은 허브티, 포프리, 향기 나는 카드 만들기 등에 활용해요.

비빔밥

샐러드

화전

라벤더

심기와 물주기

봄과 가을에 씨앗이나 모종으로 심어요. 물빠짐과 통풍이 잘되고 건조한 약알카리성 토질을 좋아해요. 고온다습에 약해요. 질소성분이 많은 토양에 심으면 시들어버려요. 척박한 토질에서 향기 좋은 꽃이 피어요.

프렌치라벤더 모종

잉글리쉬라벤더

번식하기

포기나누기와 삽목(식물의 영양기관인 줄기나 잎을 잘라낸 후 다시 심어 재배하는 방식으로 꺾꽂이라고도 함.)으로 번식할 수 있어요. 삽목은 가을(9월~10월)에 잘 자란 가지를 10cm 정도 잘라서 해요. 3년 정도 자라면 포기가 커져 이때 포기나누기를 할 수 있으며 봄과 가을에 해요.

수확하기

생잎은 수시로 수확해요. 꽃은 꽃봉우리가 열렸을 때 잎 2장 정도 남기고 잘라 건조시켜요. 꽃은 이삭을 훑은 다음 건조시켜 밀봉용기에 건조제와 함께 넣어 보관해요.

✚ 비료 주기

꽃이 핀 다음 봄과 가을에 약간의 완효성비료를 시비해요.

✚ 이용하기

생잎을 수확해 육류 요리, 샐러드, 소스, 허브티에 이용해요. 줄기와 꽃은 건조해 드라이플라워, 포프리로 사용해요.

2세

추천 작물 **감자, 토마토, 들깨**

추천 꽃&허브 **민트, 캐모마일**

추천 이유 **언어 / 신체**

2세 시기는 어휘력이 급격하게 증가하며, 운동기능과 균형발달 및 소근육 발달이 이루어진다. 작물의 이름 알기, 작물 관찰을 통해 다양한 질문, 분류와 측정 등의 활동을 해볼 수 있다. 이 시기의 아이들이 이미 알고 있는 작물을 선정해 처음부터 흥미를 끌 수 있게 유도한다. 또한 호기심과 성취감을 깊이 느낄 수 있도록 분류, 측정 등을 할 수 있는 작물로 작게 자라는 것과 크게 자라는 것을 함께 가꾸는 게 좋다. 또한 도구 사용이 자유롭지 않은 시기이므로 수확할 때 도구(전지가위 등) 없이 손으로 직접 수확이 가능한 작물이어야 한다.

작물

토실토실 감자

아이들이 3월에 입학하고 나면 텃밭정원에는 감자가 가장 먼저 입학해요. 감자가 자라는 과정에 흥미와 관심을 갖도록 감자의 종류(흰감자, 보라(자주)감자 등)를 다양하게 심어요. 감자를 다양하게 심으면 종류에 따라 서로 다른 잎과 줄기, 꽃을 비교 관찰하는 재미를 느낄 수 있어요. 감자를 구입하고 나면 아이들과 함께 감자가 지낼 텃밭을 만들고 이름표도 만들어요. 우리가 입학하면 선생님이 이름표를 달아주듯이 작물에게도 이름표가 필요해요.

감자가 잘 자랄 수 있도록 돕기 위해 감자에 대해 학습하고 성장과정에 대해 이해하는 시간을 가져요.

추천 그림책

백이숙 글, 노영주 그림, 느림보

성장과정 한눈에 보기

3월 하순 씨감자 심기 → 4월 중순 감자 싹 관찰하기 → 4월 하순 줄기 솎아내기 → 5월 상·중순 웃거름주기와 북주기, 꽃 따기 → 6월 하순 수확하기

✚ 준비물이 필요해요.

거름(유박이나 지렁이분변토 등), 20리터 자루, 크레파스, 흙, 씨감자, 이름표

✚ 씨감자를 준비해요.

- 씨감자는 탁구공 정도의 크기로 잘라요. 단 자른 조각에 씨눈이 있어야 해요.
- 자른 감자는 자른 부분에 병해충이 감염되지 않도록 바람이 잘 통하는 곳에서 하루 정도 말려요.

Tip 감자는 모종으로 심을 수도 있지만 씨감자를 구입해 심는 것을 권장해요. 씨감자는 재래시장, 원예상, 인터넷 등에서 구입할 수 있어요. 가정에서 먹고 남은 싹이 난 감자를 심어도 돼요.

✚ 씨감자 심을 자루를 만들어요.

- 원예상이나 철물점 등에서 20리터 이상 크기의 흰색 마대자루 10개를 구입해요.
- 크레파스를 이용해 자루에 그림을 그려요.

Tip 그림을 그린 자루 안에 자루 하나를 더 넣으면 자루텃밭이 견고해져 감자를 키우고 관리하기가 좋아요.

✚ 자루에 감자를 심어요.

- 자루에 흙을 담고 유박 한줌 넣어 고루 섞은 후 씨감자를 심어요.
- 하나의 자루에 씨감자 1개(조각) 정도가 좋아요.
- 감자를 심는 깊이는 감자 크기 두 배 정도의 흙을 파고 물을 충분하게 준 후 물이 흙에 스며들고 나면 감자를 넣은 후 흙으로 덮어요.

- 이름표를 만들어 꽂아 주거나 자루에 이름을 써넣을 수 있어요.

✚ 줄기 솎아주기와 1차 웃거름 주기

- 감자를 심고 한 달이 지나면 싹이 올라오는데 감자 싹은 두세 줄기만 키워 영양 손실을 줄여요.
- 감자 줄기가 10cm 이상 자라면 1차 웃거름을 주어요. 감자가 손상되지 않도록 흙 위에 유박 한줌 정도 뿌리고 주변의 흙을 긁어모아 덮어주어요.
- 감자는 물을 많이 필요로 하지 않지만 흙이 마르면 감자가 자라지 않아요. 흙이 마르지 않을 정도의 물을 주어요.

벌레 관리하기

- 감자에 주로 생기는 벌레는 28점 무당벌레로 감자 잎을 갉아 먹어요. 감자 잎 뒷면에 알을 낳아 키워요. 알에서 깨어나 성충이 되기 전 노란색 유충도 잎을 갉아 먹으니 제거해요.
- 감자 잎 뒷면을 자주 살펴 알이 있는 잎은 제거해요.
- 28점 무당벌레는 해충으로 보이는 대로 제거하고, 7점 무당벌레(광택이 있음)는 익충으로 그대로 두어요.

감자 꽃 따주기

- 감자꽃이 피면 꽃을 관찰할 정도만 남기고 잘라주는 것이 좋아요. 꽃을 자른 후 2차 웃거름을 주어요. 주는 방법은 1차 웃거름과 같아요.

수확해요.

- 6월 하순 즈음에 감자의 잎과 줄기가 시들고 누렇게 변하는데 이는 감자의 수확 시기를 알리는 신호랍니다.
- 감자를 노지밭이나 상자텃밭에 심었을 때는 호미로 캐지만, 자루에 심은 감자는 가위를 이용하여 자루를 세로 방향으로 잘라 벗겨내고 아이들과 함께 손으로 조심조심, 살금살금 흙을 걷어내면 감자가 자라고 있는 모습을 관찰할 수 있어요.
- 감자 수확이 끝나면 수확한 감자가 몇 개인지, 크기는 어떤지, 무게는 어떤지, 모양은 어떤지, 질감과 냄새는 어떤지 다양한 방법으로 느껴보고 이야기를 나눠요.

✚ 놀아요.

- "이건 엄청 커! 대장 감자인가 봐!", "이건 작고 귀여워! 애기 감자다!" 등 재잘재잘 조잘조잘 이야기가 풍성해집니다. 수확한 감자는 관찰할 수 있도록 교실에 두고 탐색을 마치면 밥에 넣어 먹거나 감자 스프 등 요리에 활용할 수 있어요.
- 감자로 놀아보기를 한 후 즐거운 놀이는 친구들에게 서로 알려줘 함께 놀이하고, 선생님의 생각도 함께 나눠요.
- 감자로 만드는 요리 레시피를 부모님 도움을 받아 알아보고, 가족감자요리경연 등을 진행하거나 부모님을 요리사로 초청해 함께 요리하는 활동을 해보아요.
- 감자를 갈아 녹말가루를 만들어보는 것도 추천해요.
- 감자를 키우면서 느낀 생각이나 감정, 성장 과정에서 찍은 사진을 전시하거나 발표, 이야기 나누기 등의 방법으로 다양하게 에피소드를 공유해요.

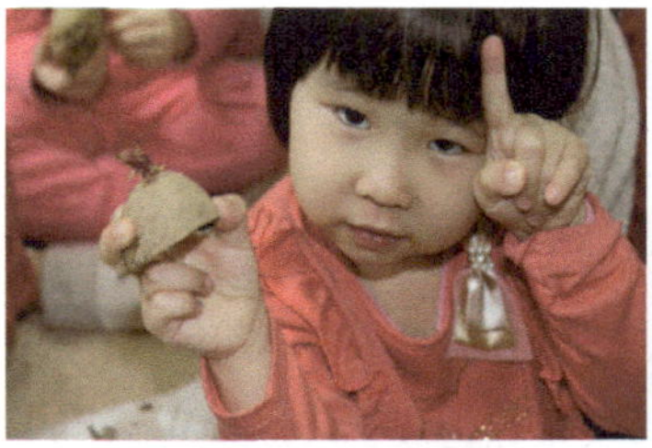

Tip 감자 모종은 재래시장이나 종묘상, 인터넷 등에서 구입해요. 감자 모종을 구입하여 심는다면 잎과 줄기가 냉해를 입을 수 있으니 추위가 지난 4월 중순경에 심어요.

Tip 감자 품종으로는 수미감자와 대지감자가 있어요. 봄 감자는 수미감자와 대지감자 중에 선택하여 심으면 되는데, 여름에 심어 가을에 수확하는 감자는 대지감자를 심어야 해요.

바로 바로 따먹을 수 있는 토마토

토마토는 아이들이 매우 좋아하는 작물이에요. 토마토는 씨앗으로 심어도 되지만 하우스 준비 등 어려움이 있으니 어린이날을 전후로 가까운 모종상에서 다양한 토마토(찰토마토, 흙토마토, 방울토마토, 대추토마토 등) 모종을 구입해서 심기를 권합니다. 모종을 심을 때는 잎, 줄기, 뿌리, 냄새 등을 탐색하고 심어요. 토마토를 심는 아이들은 "토마토 나무에서 토마토 냄새가 나요!", "토마토가 없는데 왜 냄새가 나지?"라는 표정과 함께 기대감으로 싱글벙글 기뻐하는 모습을 보인답니다.

추천 그림책

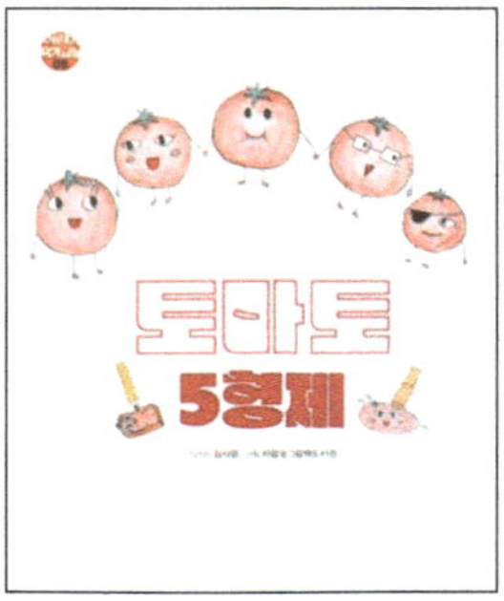

김사랑 글·그림, 고래가숨쉬는도서관

성장과정 한눈에 보기

4월 하순 토마토 모종 심기 → 5월 중순 꽃봉오리 맺기 시작 → 6월 상순 토마토 열리기 시작 → 6월 중순 토마토 수확 시작 → 6월 하순 토마토 수확

✚ 준비물이 필요해요.

다양한 토마토 모종, 500리터 페트병, 지주와 지주 끈, 웃거름(유박 등), 이름표

✚ 다양한 토마토 모종을 준비해요.

- 토마토 모종은 색이 짙고 줄기가 튼튼하며, 20cm 이하의 크기로 싱싱한 걸 골라요.
- 토마토 모종은 방울토마토, 대추토마토, 큰 토마토 등 다양하게 구입해요.

✚ 밑거름을 넣어요.

- 토마토 모종을 심기 1주일 전 유박 한줌 정도 넣고 흙과 섞어요(한 그루 기준).

✚ 토마토 모종을 심어요.

- 토마토 모종에 달린 흙의 크기만한 구덩이를 파고 물을 넣어요. 구덩이에 물을 넣을 때 작은 페트병을 사용하면 아이들이 스스로 물을 주기에 좋아요.
- 물이 흙에 모두 스며들면 구덩이에 토마토 모종을 넣고 흙을 덮은 후 물을 한 번 더 주어요.
- 토마토 모종과 모종 사이는 40cm 이상 간격을 두고 심어요.
- 열매채소(토마토, 가지, 오이, 호박 등) 모종은 마지막 서리가 내린 후에 심어요. 최근 기온이 높아져 4월 초부터 모종이 나오기 시작하는데 이때 심으면 갑작스런 서리로 냉해를 입을 수 있어요. 냉해를 입은 채소는 열매가 잘 열리지 않아요. 작물별로 적합한 심을 때와 거둘 때를 잘 지켜야 작물을 잘 키울 수 있어요. 토마토 모종은 4월 말부터 5월 초에 심어요.

✚ 이름표를 만들어요.

토마토 모종 심기가 끝나면 미리 준비한 이름표를 토마토 옆에 꽂아요. "토마토야, 잘 자라라."와 같이 토마토에게 하고 싶은 말을 쓰거나 '토마토'라고 쓴 이름표를 꽂아 주면 더 좋겠죠? 토마토 이름표는 투명컵을 이용해 만들어 보세요. 하고 싶은 말이나 이름을 써서 컵 안에 넣으면 비도 맞지 않고 좋아요.

✚ 토마토에 지주를 세워요.

- 지주 세우고 묶어주어야 바람에 쓰러지지 않고 잘 자라요. 지주는 원예상이나 농자재마트 등에서 구입해요.
- 토마토는 키가 1m 이상 자라기 때문에 1.5m 이상의 지주를 세워주고, 토마토 나무가 쓰러지지 않도록 지주와 토마토 나무를 잘 묶어주어야 합니다.
- 토마토와 지주를 묶을 때 너무 꽉 조여서 묶어주면 줄기가 굵어지는 데 방해가 되므로 충분하게 여유를 두고 매듭을 묶어요.
- 토마토 모종과 5cm 이상 거리를 두고 지주를 꽂아요(뿌리가 상하지 않도록 거리두기 함). 지주와 토마토 줄기를 묶는 끈은 원예상에서 추천받아 구입해 사용해요. 빵끈 사용은 권장하지 않아요.

토마토 곁가지는 잘라주어요.

- 토마토 줄기와 잎 사이에 올라오는 줄기를 곁가지라고 해요. 곁가지를 따주지 않으면 토마토 줄기와 잎이 크고 풍성하게 자라는 반면, 토마토 열매는 작게 열리고 공기의 흐름이나 햇빛을 잘 받을 수 없어 병해충에 약해집니다.

웃거름주기와 물주기를 해요.

- 꽃이 피고 열매가 열리기 시작하면 흙이 마르지 않도록 물을 잘 주어야 튼실한 열매가 열린답니다. 기온이 25도 이상 오르면 낮보다 아침이나 저녁에 물주기를 해요. 햇빛이 강할 때 물을 주면 작물에 피해를 줄 수 있어요. 이 방법은 다른 작물에도 같답니다.
- 토마토 꽃이 피기 시작하면 1차 웃거름을 주는 게 좋아요. 토마토 나무에서 10cm 정도 거리를 두고 흙을 살짝 걷어내 유박 한줌 정도를 넣은 후 다시 흙을 덮어주어요. 2차 웃거름은 토마토 첫 수확 후에 하고, 이후 15일 간격으로 거름을 주면 튼실한 토마토를 오랫동안 수확할 수 있어요.

수확해요.

- 농사는 때를 잘 알아차려야 하는데 이는 심을 때와 거둘 때, 풀을 뽑아야 할 때, 물을 주어야 할 때, 거름을 주어야 할 때 등을 말해요. 작물의 생애주기에 따라 우리가 도움을 준다면 작물도 우리에게 기쁨을 가져다주겠지요?
- 토마토가 열리고 익으면 너무 예쁘고 즐거워 수확을 미루는 일이 종종 있지요. 하지만 특별한 이유가 있는 경우가 아니면 수확 시기에 맞춰 수확하는 일을 미루지 않는 게 좋아요.

놀아요.

- 방울토마토는 완숙된 상태에서 생으로 먹거나 얼려서 사탕처럼 먹기도 해요(방울토마토를 먹을 때 목에 걸리지 않도록 꼭꼭 씹어서 천천히 먹거나 잘라서 먹어요).
- 큰 토마토는 갈아서 주스로 먹거나 피자, 파스타, 잼 등으로 다양하게 활용할 수 있어요.

✚ 토마토 씨앗 채종하기

잘 익은 토마토를 수확해요.

반으로 잘라요.

과육을 짜서 병에 넣어요.

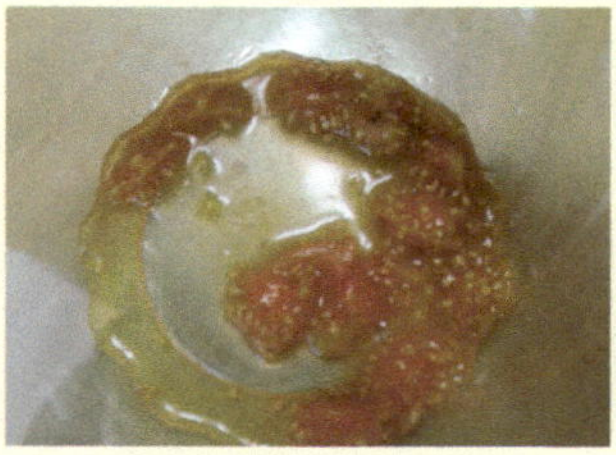
과육을 병에 모았어요.

과육이 있는 병에
물을 반 정도 채워요.

거즈로 입구를 닫아요.

1주일 정도 두고 관찰해요.

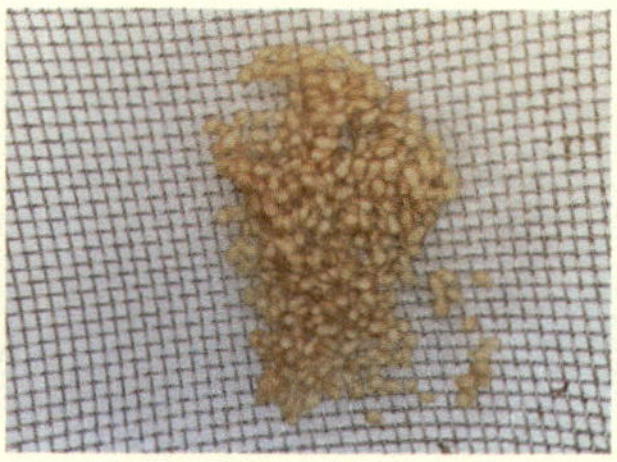
위에 뜬 과즙을 버리고 가라앉은
씨앗을 체로 걸러 씻어요.

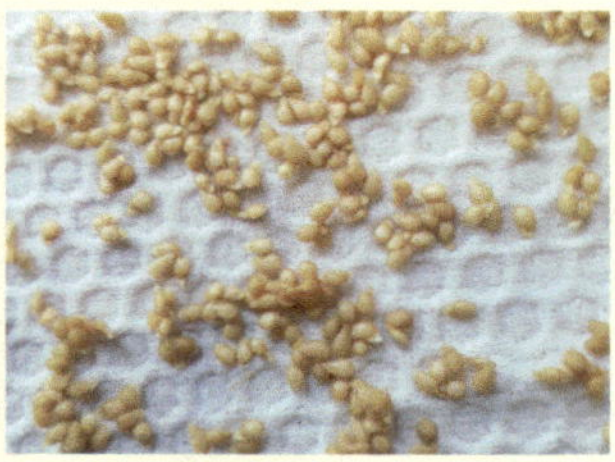
수분을 완전히 말려서 보관해요.

향긋하고 고소한 들깨

관찰용 텃밭에 심는 들깨는 잎을 먹는 깻잎용 잎들깨를 심어요. 들깨는 뿌리와 잎, 줄기가 풍성하여 다른 작물에 피해를 줄 수 있으니 노지 텃밭에 심는 경우에는 가장자리 한켠에 심고, 상자텃밭이나 화분에 심는 경우에는 다른 작물과 함께 심는 것보다 별도의 화분에 심는 것이 좋아요. 들깨와 함께 참깨도 몇 그루 심으면 서로 비교 관찰할 수 있어 즐거움이 배가 되지요.

추천 그림책

보리 글, 느림 그림, 보리

성장과정 한눈에 보기

4월 중순 들깨 모종 또는 씨앗 심기 → 5월 중순 깻잎 수확 시작(7월까지 계속)

✚ 준비물이 필요해요.

들깨 모종, 유박, 500ml 패트병, 스티로폼 박스(30×30×30cm)

✚ 밑거름을 넣어요.

- 모종을 심기 1주일 전 유박 한줌을 넣고 흙과 잘 섞어요.

✚ 들깨 모종을 구입해요.

- 모종상에서 들깨 모종을 구입할 수 있어요.
- 키가 5cm 이내의 작은 모종, 잎과 줄기의 색이 짙고 튼튼한 모종을 구입해요(다섯 그루만 심어도 한 가족이 먹을 수 있는 양이 되지요).

✚ 들깨 모종을 심어요.

- 들깨 모종에 달린 흙 크기 정도로 구덩이를 만들어요.
- 구덩이에 물을 충분하게 넣어요.
- 물이 흙에 모두 스며들면 들깨 모종을 구덩이에 넣고 흙으로 덮어요.

Tip 들깨는 뿌리가 세고, 가지가 발달하여 잎이 많아지므로 다른 작물과 함께 심기보다 별도의 화분에 심는 것을 권해요.

✚ 이름표를 만들어요.

- 나무 조각에 크레파스나 유성펜 등 잘 지워지지 않는 도구로 그림을 그리고 이름을 써요.
- 들깨와 참깨는 키가 1m 이상 자라므로 이름표를 높게 만들어요.

수확해요.

- 깻잎은 아랫잎부터 수확해요.
- 깻잎 향도 맡아보고 촉감도 느끼고 잎맥도 관찰해요.
- 깻잎은 쌈, 튀김, 장아찌 등 다양한 음식으로 만들어 먹어요.

Tip 들기름을 얻기 위해 심는 일반 들깨도 깻잎을 수확하여 먹을 수 있어요.

갈무리해요.

- 들깨는 주로 7월 말경까지 깻잎을 수확하고 나면 8월부터는 꽃이 올라오고 잎이 질겨서 쌈으로 먹기에 적절하지 않아요. 잎들깨는 주로 깻잎을 수확하기 위한 용도이기는 하지만 관찰을 위해 한 그루 정도 남겨두어 들깨 꽃과 들깨 씨앗을 관찰해요.
- 들깨는 뿌리가 매우 강하고 단단하여 뽑을 때 성인의 도움이 필요해요.

✚ 씨를 채종해요.

- 7월 하순경 들깨 잎줄기 사이에서 꽃대가 자라요.
- 들깨꽃은 흰색으로 잔꽃이 피고 꽃이 진뒤에는 들깨씨를 맺어요.
- 씨가 누렇게 변하기 시작하면 줄기째 잘라 햇볕에 1주일 정도 말려요.
- 잘 마른 줄기를 잡고 막대로 톡톡 털면 들깨씨가 쏟아져요.
- 수확한 씨앗은 다음해 씨앗으로 심고 들깨가루, 들기름 등 양념으로 사용해요.

✚ 놀아요.

- 잎 찍기 놀이나 본뜨기 또는 그리기를 즐길 수 있어요.
- 들깨 갈무리 후 뿌리는 물에 씻어 놀이하고, 줄기는 적당한 길이로 잘라 놀이에 사용할 수 있도록 제공해요.
- 참고로 들깨와 참깨 줄기는 원형이 아니라 네모 모양을 하고 있고, 줄기에서도 들깨 냄새가 나서 아이들이 신기하고 재미있어해요.

- 부모님 도움을 받아 고소하고 맛있는 들깨꽃튀김을 해요.

Tip 참깨 모종은 6월 상순에 심어요.

Tip 참깨는 8월 하순경 아랫잎이 누렇게 변하기 시작하고 참깨 꼬투리가 통통해질 무렵 줄기째 베요. 햇볕에 1주일 정도 말렸다가 꼬투리가 벌어지면 돗자리나 비닐을 깔고 참깨 줄기를 잡고 막대로 톡톡 털면 참깨가 쏟아져요. 참깨를 말리는 동안 비에 맞지 않도록 주의해요.

Tip 수확한 참깨는 키를 이용해 마른 잎 등 오물을 처리한 후 햇빛에 이틀 정도 말려 볶아서 요리에 사용해요.

Tip 깨를 수확하고 난 참깻대는 과거 조상들이 음식을 익히고, 온돌방을 따뜻하게 하는 땔감으로 유용하게 활용되었어요. 과거 조상들의 삶은 자연 그 자체였다는 생각을 하게 됩니다.

민트(박하, 페퍼민트, 스피어민트, 애플민트 등)

심기와 물주기

통풍이 잘 되는 장소에 심는 것이 좋으며 반음지에서도 잘 자라요. 수분이 많은 흙을 좋아하며 땅속으로 뿌리가 뻗어 자라므로 50cm 정도 되는 판자 등으로 칸막이를 해 너무 번식하는 것을 막아줍니다. 봄이나 가을에 씨를 뿌리거나 모종을 심어요. 민트는 교잡이 쉬우므로 다른 종류와 가까이 심지 않도록 합니다.

번식하기

포기나누기, 삽목, 물꽂이로 번식을 하며, 내한성이 있어 월동이 가능해요.

수확하기

첫 해는 꽃이 피지 않고 이듬해부터 꽃이 피어요. 4월경부터 첫 서리가 내리기 전까지 수확이 가능해요. 꽃이 피면 잎이 질겨지니 꽃이 피기 전에 수확해요. 장마와 고온에 약하므로 장마 전 줄기를 5cm 정도 잘라내면 가을에 새순이 올라와 부드러운 줄기를 수확할 수 있어요. 수확량이 많으면 건조해서 보관해요.

초코민트 수확과 건조

스피아민트 수확과 건조

비료 주기

심을 때 완효성비료를 흙에 섞어서 심고, 매년 봄에 완효성비료를 주면 됩니다.

이용하기

잎, 꽃, 줄기 모두 이용이 가능해요. 잎은 신선한 것과 말린 것 모두 이용하며, 신선한 것은 샐러드나 소스에, 말린 것은 주로 과자나 디저트의 맛과 향을 내는 데 쓰여요. 상쾌한 향을 지닌 민트는 허브티로 인기가 많아요. 페퍼민트, 스피어민트, 애플민트를 허브티로 추천해요. 말린 줄기와 꽃은 건조하여 포푸리로 사용하며 살균과 방충효과가 있어요. 또한 입욕제 또는 족욕에 이용하면 기분이 느긋해지고 상큼해지는 효과가 있습니다.

허브향주머니

초코민트차

허브식초

허브소금

허브꽃차

방향제

캐모마일

+ 심기와 물주기

햇빛이 잘 들고 통풍이 잘 되는 장소에 심는 것이 좋으며 고온에 약해요. 봄이나 가을에 씨를 뿌리고 흙을 살짝 덮어둡니다. 흙 표면이 마르면 물을 충분히 주고, 발아하면 솎음질을 해요.

+ 번식하기

씨를 뿌려 번식해요. 게르만 캐모마일은 내한성이 있어 가을에 씨를 뿌리면 봄에 꽃을 많이 수확할 수 있어요.

+ 수확하기

캐모마일은 꽃이 필 때 달콤한 향이 있어 인기가 좋아요. 꽃이 핀 후 2~3일경에 꽃 부분만 수확합니다.

+ 비료 주기

심을 때 완효성비료를 흙에 섞어서 심어요. 진딧물이 잘 생기므로 목초액으로 예방합니다.

+ 이용하기

신선한 꽃 5~10개 정도 넣고 따뜻한 물을 부어주면 허브티가 됩니다. 건조한 꽃과 신선한 꽃 모두 허브티로 이용하며 달콤한 향이 있어 인기가 좋아요. 말린 꽃으로 포푸리를 만들 수 있으며 입욕제, 방향유 등으로 이용해요.

3세

추천 작물 완두, 강낭콩, 래디시

추천 꽃&허브 로즈마리, 체리세이지

추천 이유 사회성 / 관계

사회성과 관계는 사회적 행동, 사회적 참여의 정도, 인격의 특성을 의미한다. 이 시기는 자조능력이 향상됨에 따라 대인관계의 폭이 넓어지기 시작하고, 자아발달 및 타인에 대한 이해와 함께 친사회적 행동을 보이기 시작한다. 따라서 이 시기의 텃밭활동은 개별적 진행보다는 친구와 함께 짝꿍텃밭을 가꾸거나 작물 하나를 친구와 둘이서 함께 가꾸는 활동 등이 필요하다. 완두와 강낭콩은 한 그루에서 얻을 수 있는 수확물이 많아 둘이서 가꾸어도 만족도가 높다. 또한 빨간무 래디시는 좁은 공간에 많이 심을 수 있고 생육기간이 짧아 심고 난 후 한 달이면 수확이 가능하기 때문에 생육기간이 비교적 긴 콩과 함께 가꾸기에 좋다.

작물

덩굴손이 멋진 완두

콩은 단백질이 많아 성장에 필요한 음식이지만 콩 먹기를 좋아하는 아이들은 그리 많지 않아요. 반면 완두는 식감이 부드럽고 단맛이 있어서 그런지 다른 콩보다는 좋아하는 아이들이 많지요. 완두는 생육 기간도 길지 않아 아이들과 키우기 좋은 작물이랍니다. 완두가 잘 자랄 수 있도록 돕기 위해 완두에 대해 학습하고 성장과정에 대해 이해하는 시간을 가져요.

추천 그림책

(좌)김시환 옮김, 계창훈 그림, 함께자람(교학사)
(우)타카도노 호코 글, 오다 다이하치 그림, 고향옥 옮김, 비룡소

성장과정 한눈에 보기

4월 초순 완두 씨앗 심기 → 4월 하순 완두에서 덩굴손 출현하면 지주 세우기 → 5월 중순 열매 맺기 → 5월 하순~6월 초순 꼬투리가 통통해지면 수확 시작

준비물이 필요해요.

완두 씨앗, 500ml 페트병, 거름(유박), 상자텃밭(60×40cm)

씨를 구입해요.

- 완두씨는 하얀꽃이 피는 종자와 붉은꽃이 피는 종자를 모두 심으면 텃밭도 아름답고 관찰하기도 즐거워요.
- 완두씨는 종묘상, 원예상 등에서 구입해요.

밑거름을 넣어요.

- 완두 씨앗 심기 1주일 전 유박을 반 컵 정도 넣고 흙과 섞어요.

씨앗을 심어요.

- 완두 크기의 두 배 깊이로 구멍을 세 개 만들어요. 손가락 한 마디 정도 깊이면 충분해요.
- 완두는 줄기가 약해 서로 의지하며 자라도록 두세 알을 함께 심어요.
- 완두가 싹 트는 과정을 탐색해요.

Tip 완두는 모종으로 심을 수 있지만 씨앗으로도 잘 자라므로 모종보다는 씨앗을 구입해 심는 걸 권장해요.

✚ 이름표를 만들어요.

완두 책을 보고 난 후 완두 그림을 그려 이름표를 만들어요. 완두 이름표는 완두 지주에 매달아 두어도 좋아요.

✚ 덩굴손이 나오면 지주를 세워요.

- 완두는 줄기가 약하기 때문에 의지할 지주가 필요해요. 완두를 많이 가꾸는 농장에서는 그물 형태의 구조물을 설치하지만, 적은 양을 심을 때는 지주를 세우고 끈을 이용해 완두의 덩굴손을 견인하기도 하고 쉽게는 주변에서 나뭇가지를 가져와 꽂아 주어도 좋아요.
- 완두는 줄기가 약하기 때문에 끈으로 묶지 않아요. 지주를 세우고 그대로 두면 덩굴손이 스스로 지주를 잡고 자란답니다. 독립하여 스스로 자라는 완두가 기특하고 고맙죠?

✚ 수확해요.

- 완두 꼬투리가 통통하게 여물면 수확해요. 다음 해에 씨앗으로 심기 위해 채종하는 것이 아니라면 완두 꼬투리가 누렇게 마르기 전에 수확하는 것이 좋아요.
- 완두 줄기가 약하므로 줄기가 꺾이거나 잘리지 않도록 한 손은 줄기를 잡고 한 손은 꼬투리를 잡고 조심조심 수확해요.

놀아요.

- 완두는 좋은 놀잇감이에요. 수확하면서 누가 더 많이 완두를 따는지 누가 더 완두콩을 잘 까는지, 누구 완두가 더 많은지, 큰지 등을 비교하는 놀이를 통해 수학적 사고를 높일 수 있어요
- 완두 꼬투리로 구성놀이하기, 목걸이 만들기, 완두콩으로 새총놀이하기 등을 할 수 있어요.

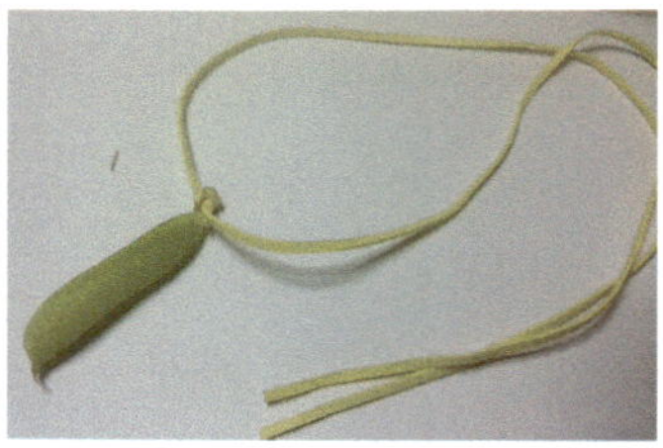

참고 **콩 세 알 이야기**

옛날 우리 조상들은 콩을 심을 때 세 알씩 심었다고 합니다. 한 알은 벌레나 새가 먹기 위해, 한 알은 이웃과 나눠 먹기 위해, 마지막 한 알은 자신이 먹기 위해 말이죠. 옛날 우리 조상들의 삶에서 공생과 나눔과 자립의 가치를 느낄 수 있어요.

Tip 자루에 완두를 심는 것도 좋아요. 완두는 생육 기간이 길지 않아 자루에 심어도 잘 자라요.

이모저모 쓸모 많은 강낭콩

강낭콩은 4월과 7월 하순 두 번 심을 수 있고, 덩굴성과 비덩굴성이 있어요. 영아들은 비덩굴성을 키우고, 유아는 덩굴성을 키워요. 덩굴성은 강낭콩이 지주를 감고 자라는 모습을 탐색하고 관찰할 수 있어 좋아요. 또한 꽃과 잎, 줄기, 열매 모두 관찰활동에 활용하기 좋아요. 강낭콩에는 여러 가지 종자가 있는데, 그중 호랑이강낭콩은 이름이 재미있고 콩에 호랑이처럼 얼룩무늬가 있어 아이들이 흥미를 느껴요.

추천 그림책

히라야마 카주코 글·그림, 엄기원 옮김, 한림출판사

성장과정 한눈에 보기

4월 중순 강낭콩 씨앗 심기 → 4월 하순 강낭콩 싹 나기 → 5월 상순 강낭콩 지주 세우기 → 5월 중순 강낭콩 꽃과 열매 탐색하기 → 6월 하순 강낭콩 수확 시작하기

준비물이 필요해요.

덩굴성 호랑이강낭콩 씨앗, 거름(유박), 지주(2m 이상), 큰 화분 또는 사용하지 않는 에코백이나 장바구니 등(지름 30cm 이상, 깊이 30cm 이상)

Tip 덩굴성 호랑이강낭콩은 2m 이상 높이 자라는 작물로 강낭콩이 많이 열리게 하기 위해서는 지주가 길고, 흙과 거름이 충분해야 합니다.

밑거름을 넣어요.

- 호랑이강낭콩 씨앗을 심기 1주일 전 반 컵 정도의 유박을 넣고 흙과 섞어요.

씨앗을 심어요.

- 화분에 강낭콩 씨앗 크기 2~3배 정도의 깊이로 작은 구멍 세 개를 만들어요. 손가락을 사용하여 구멍을 만들어도 좋아요. 한 구멍에 한 알씩 한 화분에 세 알 정도 심어요.
- 호랑이강낭콩 씨앗을 넣고 흙으로 덮어요.

Tip 싹이 날 동안 물을 많이 주면 강낭콩이 썩을 수 있어요.

Tip 강낭콩은 모종을 구입해 심어도 되지만 가능한 씨앗과 새싹 관찰을 위해 씨앗으로 심기를 추천해요.

이름표를 만들어요.

- 키가 높은 이름표를 만들거나 강낭콩 지주에 이름표를 매달아도 좋아요.
- 강낭콩 그림책을 읽고 난 후 강낭콩을 그려 이름표로 사용해도 좋아요.
- 자신이 심은 강낭콩에게 편지를 써서 걸어두어도 좋아요.

성장과정을 기록해요

- 강낭콩의 성장과정을 정기적으로 사진을 찍어 게시하면 강낭콩의 변화를 한눈에 볼 수 있어 좋아요.
- 강낭콩 줄기가 자라는 모습을 끈으로 측정하여 벽에 게시하는 방법으로 성장과정을 볼 수 있도록 할 수 있어요. 아직은 어린 연령이므로 측정을 숫자로 기록하기보다 막대나 끈 등을 이용하면 쉽게 성장과정을 알아볼 수 있어요. 특히 측정할 때마다 강낭콩의 줄기, 잎, 색, 덩굴손 등을 관찰할 수 있도록 교사가 안내해 주세요.
- 아이들과 함께 씨앗 발아 시기, 본잎이 나오는 시기, 꽃이 피는 시기, 열매 맺는 시기, 수확 시기 등을 기록하다 보면 호랑이강낭콩 키우기에 재미를 느끼게 됩니다. 7월경 다시 심을 때는 아이들 스스로 강낭콩을 심고 가꿀 수 있어요.

수확해요.

- 호랑이강낭콩 꼬투리가 통통하고 여물기 시작하면 꼬투리를 따는 방법으로 수확해요.
- 씨앗으로 사용할 것은 꼬투리가 누렇게 마를 때까지 기다렸다가 교사의 도움을 받아 꼬투리를 가위로 잘라 수확해 햇볕에 충분히 말려요.

Tip 호랑이강낭콩은 밥에 넣어 먹기도 하지만 꼬투리째 삶아서 까먹어도 맛있어요.

놀아요.

- 강낭콩 껍질(꼬투리) 까는 방법을 알려주어 아이들이 스스로 꼬투리를 까도록 해요. 이때 냄새도 맞고, 촉감도 느끼고 꼬투리 안의 모습도 관찰하는 등 충분한 탐색이 이루어지도록 도와줍니다.
- 빈 꼬투리는 말려서 자연물 만들기 재료로 사용해요.

빨간 왕구슬 래디시(체리무, 20일무)

래디시는 영아부터 유아까지 모두가 좋아하는 작물입니다. 생육 기간도 짧고 동글동글한 빨간 왕구슬 모양을 하고 있어 아이들에게 매력적인 놀잇감이랍니다.

추천 그림책

카롤린 펠리시에·비르지니 알라지디 글, 엘리자 제앵 그림, 배유선 옮김, 이마주

성장과정 한눈에 보기

4월 중순 래디시 씨앗 심기 → 4월 하순 래디시 싹트기 → 5월 상순 래디시 본잎 나오기 → 5월 중순 래디시가 보이기 시작 → 5월 하순 래디시 수확

+ 준비물이 필요해요.

래디시 씨앗, 500ml 페트병, 거름(유박), 동그란 화분(지름 30cm)

Tip 래디시는 20일무, 체리무, 빨간무 등으로도 불러요.

밑거름을 넣어요.

- 씨앗을 심기 전 반 줌 정도의 유박을 넣고 흙과 섞어요.

씨앗을 심어요.

- 손가락을 이용해 화분에 원하는 모양으로 그림을 그려요.
- 달팽이 모양으로 동글동글, 별, 하트, 나비 등 다양하게 그리도록 이야기를 나눠요.
- 그림을 따라 페트병으로 물을 주어요. 물 조절이 어려운 경우는 뚜껑에 큰 빨대 굵기 정도의 구멍을 뚫어 사용해요.
- 그림에 씨앗을 뿌려요.
- 씨앗과 씨앗의 간격은 어린이 손가락 한 마디 정도의 간격을 두어요.
- 흙으로 덮고 싹이 날 때까지 관찰해요.

이름표를 만들어요.

- 씨앗을 심기 전 화분에 직접 래디시를 그리거나 이름을 써도 좋아요.
- 교사의 도움을 받아 꽃바구니, 선물 포장 등에 있는 리본 등을 이름표로 활용할 수 있어요.

+ 솎아내고 자라는 모습을 관찰해요.

- 너무 촘촘하게 자라서 무가 서로 붙어 자라는 경우 솎아내기를 해요.
- 래디시가 흙 위로 얼굴을 내밀면 관찰하고 그림을 그려요.

+ 수확해요.

- 씨앗을 뿌린 후 한 달 정도면 수확이 가능해요.
- 래디시가 방울토마토 정도의 크기보다 약간 더 자랐을 때 수확하면 좋아요. 수확이 늦어 너무 크게 두면 래디시가 갈라지거나 속이 빈 래디시가 될 수 있으니 수확 시기를 잘 알아야 해요.
- 래디시의 잎과 뿌리, 색과 모양, 질감 등을 느껴보고 무엇을 할지 이야기를 나눠요.

+ 놀아요.

- 래디시는 깍두기, 샐러드, 피클 등으로 다양한 음식에 사용해요.
- 아이들은 래디시를 구슬처럼 활용해 놀이를 즐긴답니다. 아이들이 수확물을 자유롭게 탐색할 수 있도록 충분한 시간을 제공해요.

Tip 래디시는 봄(4월, 5월)과 가을(9월, 10월)에 모두 심을 수 있어요.

로즈마리

심기와 물주기

햇빛이 잘 들고 통풍이 잘되는 장소, 조금 건조한 곳이 좋아요. 더위나 건조한 환경에 강한 반면 습기와 장마에 약하니 주의해요. 봄과 가을에 모종으로 심어서 키우는 게 좋고, 심기 전 완효성비료를 흙에 섞어요. 건조한 것을 좋아하지만 흙이 마르면 충분히 물을 주어야 해요.

번식하기

봄과 가을에 꺾꽂이(삽목)로 번식시켜요. 꺾꽂이에서 뿌리가 나오면 화분에 옮겨 심어요. 물을 많이 주면 뿌리가 썩을 수 있으니 과습하지 않도록 주의합니다.

수확하기

로즈마리는 줄기째 수확이 가능하며 아랫잎은 15cm 이상 남겨두고 윗줄기를 잘라서 사용합니다.

비료 주기

심을 때 완효성비료를 흙에 조금 섞어서 심고 웃거름은 1년에 한 번 정도 조금만 주어도 잘 자라요. 비교적 기르기 쉬운 허브입니다.

✚ 이용하기

건조한 것과 신선한 것 모두 허브차로 즐길 수 있으며, 육류요리의 맛과 향을 내는 데 사용하고 감자요리에 잘 어울려요. 또한 허브와인, 허브오일에 이용해도 좋아요.

꽃이나 잎을 말려서 포푸리, 탈취제로 사용하며, 로즈마리향이 뇌를 활성화시키는 효과가 있어 방향류, 아로마세라피 등에 많이 이용됩니다.

체리세이지(핫립세이지)

심기와 물주기

햇빛이 잘 들고 통풍이 잘되는 장소, 배수가 잘되는 흙이 좋아요. 크게 자라는 품종이 많으므로 포기 가격을 넓게 띄워야 합니다. 심는 방법은 파종 또는 모종 모두 가능하며 조금 건조한 장소를 좋아하므로 습기에 주의하고 표면의 흙이 마른 다음에 물을 줍니다.

번식하기

봄과 가을에 꺾꽂이(삽목)을 해두면 15일~20일 정도 지나 줄기에서 뿌리가 나요.

수확하기

잎은 수시로 수확이 가능하며 수확하기 좋은 시기는 5월 하순부터 10월까지예요. 통풍이 잘되고 포기를 튼튼하게 키우려면 잎이 많아질 때마다 가지치기를 하는 게 좋아요.

✚ 비료 주기

심을 때 완효성비료를 흙에 섞는 것이 좋으며 봄과 가을에 웃거름을 주어요.

✚ 이용하기

수확한 잎은 허브티 또는 음료에 넣어 먹으면 풍부한 향을 느낄 수 있어요. 꽃은 드라이플라워로 이용해도 좋고, 건조한 잎과 꽃은 포푸리나 입욕제로 사용해요.

핫립세이지

체리세이지

4세

추천 작물 **상추, 가지, 옥수수**

추천 꽃&허브 **한련화, 이탈리안 파슬리**

추천 이유 **정서 / 윤리**

만 4세경이 되면 상대방의 분노, 기쁨 등의 감정 상태를 알게 되면서 서서히 양심과 도덕을 키워나간다. 일상생활에서 지켜야 하는 규칙의 존재를 알게 되고, 규칙을 엄격하게 지키려고 하는 절대적(타율적) 도덕성이 발달하는 시기이다. 또한 뇌와 신경계의 성숙으로 소근육 운동기능 등 새로운 운동기술과 인지능력이 발달하는 시기이므로 신체 발달 수준에 맞는 작물의 키도 고려하고 규칙과 질서에 대해 탐색 가능한 옥수수, 수확의 기술과 여럿이 함께 나누기에 좋은 상추, 위험을 인식하고 주의가 필요하며 가꾸는 기술이 요구되는 가지와 같은 작물들을 선정해 보았다.

작물

함께 먹으면 더 맛있는 상추

상추는 텃밭의 중심 작물입니다. 종류도 다양해서 키우는 재미와 먹는 재미, 보는 재미까지 있어요. 특히 어디서든 햇빛만 있으면 잘 자라 어린이부터 어른까지 모두 좋아하는 채소랍니다.

추천 그림책

조혜란 글·그림, 사계절

성장과정 한눈에 보기

4월 중순 상추 모종 심기 → 5월 상순 상추 수확 시작 → 6월 하순 상추 갈무리

준비물이 필요해요.

상추 모종, 500ml 페트병, 거름(유박), 화분(50×60cm), 재활용 투명 플라스틱 컵 2개

Tip 상추 모종은 골고루 준비해요.

밑거름을 넣어요.

- 모종을 심기 7일 전 한줌 정도의 유박을 넣고 흙과 섞어요.

모종을 심어요.

- 상추 모종(적상추, 청상추, 로메인상추, 치마상추, 담배상추 등)은 골고루 구입해 심으면 좋아요.
- 모종에 달린 흙의 깊이만큼 구덩이를 파요.
- 페트병을 이용해 구덩이에 물을 충분히 주어요.
- 물이 흙에 모두 스며들고 나면 상추 모종을 넣고 흙으로 덮어요.
- 상추 모종이 쓰러지지 않도록 조심하며 페트병으로 상추 주변에 물을 주어요.

Tip 상추는 햇빛도 좋아하고 물도 좋아해요.

상추 모종

상추 모종 심기

다양한 색의 쌈채소를 함께 심기

상추와 꽃 함께 심기

상추와 대파 함께 심기

씨앗으로 심고 솎아 먹기

• 심지관수 화분에 상추 모종을 심어요.

생수병을 잘라요.

뚜껑에 홈을 내어 심지를 넣어요.

심지가 아래로 닿도록 넣어요.

심지가 있는 부분에 흙을 넣고 식물을 심어요.

완성한 모습

✚ 이름표를 만들어요.

• 재활용 투명 플라스틱 컵을 활용해 이름표를 만들어요.

물주기를 해요.

- 상추는 특히 물을 좋아해요.
- 5월까지는 낮에 물을 주어도 좋지만 6월부터는 이른 아침과 저녁에 물을 주어요. 햇볕이 강한 낮에는 물이 반사되어 잎이 탈 수 있어요.

Tip 상추는 비가 내린 후 햇빛이 나면 무럭무럭 자라서 매일 매일 수확해야 할 정도로 햇빛과 물을 좋아합니다. 하지만 햇빛 없이 비가 계속 내리는 장마에는 상추가 다 녹아버려요.

수확해요.

- 상춧잎이 손바닥 정도의 크기로 자라면 수확해요.
- 누렇게 변한 떡잎을 떼고 싱싱한 잎을 수확해요.
- 상추 수확은 아랫잎부터 차례로 수확하는데 상추 줄기에 상춧잎의 일부를 남기지 않고 수확해요.
- 상추 줄기에 가까운 쪽 상춧잎을 잡고 옆으로 돌리면 쉽게 수확할 수 있어요.
- 수확한 상추는 바로 물에 씻어 밀폐용기에 보관해야 싱싱해요.

+ 밭을 갈무리해요.

- 상추는 6월 상순 무렵이면 잎이 질겨 식감이 없고 쓴맛이 강해서 맛이 없어요.
- 수확을 마친 상추는 씨앗 관찰을 위해 두 그루 정도 남기고 모두 뽑아요.
- 뽑은 상추는 뿌리에 달린 흙을 털어내거나 물에 씻어 뿌리와 줄기 등을 관찰해요.

+ 놀아요.

- 상추는 샐러드, 쌈, 샌드위치, 겉절이, 김밥, 쌈밥 등에 주로 이용해요.

Tip 상추는 봄(4월, 5월)과 가을(9월, 10월)에 모두 심을 수 있어요.

매끈매끈 가지

"선생님, 보라색 별 봤어요?"라며 기쁨 가득한 표정으로 묻던 여섯 살 아이 얼굴이 떠오릅니다. 보라색 별처럼 꽃이 피는 가지는 잎과 열매꼭지에 가시가 있어 주의가 필요합니다. 잎도 줄기도 열매도 온통 보랏빛을 띠는 가지는 잎으로 놀고, 줄기로 놀고, 뿌리로 노는 것 외에도 볶아 먹고 무쳐 먹고 튀겨 먹는 등 아이들과 함께 즐기고 먹기에 좋은 작물입니다.

추천 그림책

세노오 신야 그림, 고향옥 옮김, 길벗스쿨

성장과정 한눈에 보기

4월 하순 모종 심기 → 5월 상순 지주 세우기 → 5월 중순 가지꽃 구경하기 → 6월 상순 가지 수확하기 → 6월 중순 웃거름 주기와 아랫잎 따주기 → 7월 하순 2차 웃거름 주기 → 10월 상순 가지대 뽑기

준비물이 필요해요.

가지 모종, 500ml 페트병, 거름(유박), 상자텃밭(50×50×30cm)

Tip 상자텃밭은 스티로폼 상자를 재사용하거나 큰 화분을 사용할 수 있어요. 가지는 뿌리가 깊고 열매가 많이 열리므로 물관리를 위해 상자의 깊이가 30~50cm 이상 되어야 해요.

밑거름을 넣어요.

- 모종을 심기 7일 전 한 컵 정도의 유박을 넣고 흙과 잘 섞어요.

모종을 구입해요.

- 가지 모종은 가까운 원예상이나 종묘상에서 구입해요.
- 가지 모종은 줄기가 곧고 색이 짙으며 잎이 4~5장 정도로 싱싱한 것을 구입해요.

Tip 모종 구입할 때 가능하다면 아이들과 함께 가서 다양한 모종을 구경해보는 것도 좋아요.

Tip 가지, 토마토, 오이 등 열매가 열리는 작물의 경우 한 그루를 2명이 함께 심는 게 좋아요. 함께 가꾸면 책임감과 소속감, 친구와의 친밀감, 협동심 등을 기르는 데 좋답니다.

모종을 심어요.

- 함께 가꿀 짝꿍을 정해요.
- 짝꿍과 함께 가지 모종을 살펴보아요.
- 한 사람이 구덩이를 파면 한 사람은 구덩이에 물을 넣어요. 다시 한 사람이 구덩이에 모종을 넣고 잡아주면 다른 한 사람은 흙으로 덮어요. 둘이 서로 역할을 나눠 가지 모종을 심어요.
- 가지 모종을 심고 난 후 물을 충분히 주어요.

이름표를 만들어요.

- 짝꿍과 함께 스티로폼 곽(접시 등)을 이용해 '가지' 이름표를 만들어요.

모종에 지주를 세워요.

- 가지는 생육 기간이 길고, 줄기(가지)가 여러 개로 나눠지며, 열매가 크기 때문에 튼튼한 지주(1.2~1.5m)를 준비해요.
- 지주와 가지를 묶을 때 느슨하게 묶어야 가지 줄기가 편하게 자랄 수 있어요.

수확해요.

- 가지는 열매 꼭지에 가시가 있고 꼭지가 단단해 손으로 따기 어려우니 장갑을 끼고 열매 수확용 전지가위를 이용하여 수확해요(성인의 도움이 필요해요).
- 가지 열매가 15cm 이상 자랐을 때 수확해요.
- 가지를 수확하고 난 후 아랫잎을 따주면 열매가 잘 자라고 새로운 열매도 잘 열려요.

- 수확한 가지를 전자저울에 무게 달아보기, 길이와 두께 등 크기를 재어 서로 비교해보는 것도 즐거운 놀이와 학습 경험이 됩니다.
- 가지를 생으로도 먹을 수 있으니 수확한 가지를 작게 잘라 맛과 향을 느껴보는 시간을 가져보아요.

웃거름을 해요.

- 가지를 수확하고 나면 아랫잎을 따주고 웃거름을 하면 가지가 잘 열려요.
- 웃거름은 유박 한줌 정도를 가지 주변 흙 속에 살짝 넣어주어요.
- 가지는 물을 좋아해요. 흙이 마르지 않도록 관리해요.

놀아요.

- 어린이들은 가지를 슬라이스해 팬에 살짝 굽고 피클이나 치즈, 고기 등과 함께 먹는 것을 좋아해요.
- 가지에 거름을 제대로 주지 않으면 열매가 재미있는 모양으로 열리기도 해요. 이때 버리지 말고 다른 열매들과 함께 탐색하고, 열매의 모양이 왜 이렇게 되었는지 알아보고 원인을 찾아 문제를 해결하는 등 탐구활동을 해보는 것도 즐겁답니다.

- 가지 뿌리, 줄기, 잎. 열매 등을 탐색영역에 두고 관찰을 즐기도록 지원해요.
- 가지 씨 채종을 위해 가지 두 개 정도를 수확하지 않고 그대로 두어요.

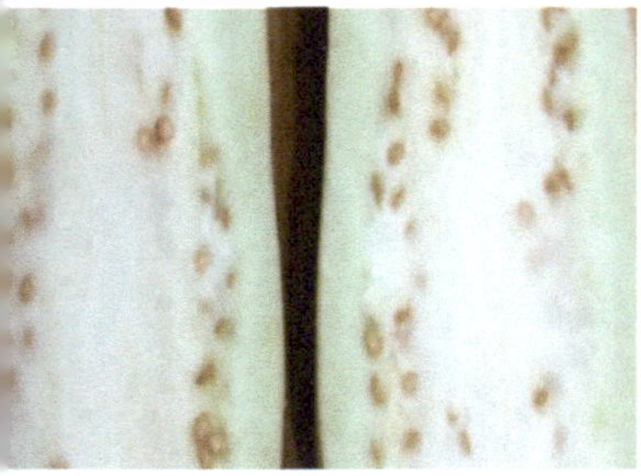

가짓대를 뽑고 씨앗을 채종해요.

- 남아 있는 가지를 모두 수확해요.
- 채종을 위해 남겨두었던 잘 익은 가지를 반으로 잘라 씨앗을 관찰하고 채종해요.
- 지주와 끈은 다음에 재사용할 수 있도록 정리해 보관합니다. 가지의 부드러운 줄기와 잎은 잘게 잘라서 퇴비화하거나(가지가 병해충을 입지 않은 경우) 햇볕에 말려서 쓰레기 처리해요.

Tip 채종한 가지 씨는 내년 봄(4월)에 심어 관찰해요.

참고 **씨앗 보관 방법**

- 채종한 씨앗은 수분이 없도록 완전히 건조시켜요.
- 지퍼백이나 밀폐용기에 씨앗을 넣어 검은 봉지로 싸서 냉동 보관해요.
- 실온 보관 시에는 친환경 제습제(실리카겔)를 함께 넣어 햇빛이 들지 않는 건조한 곳에 보관해요.

황금이빨 옥수수

옥수수는 맛도 좋지만 옥수수수염으로 놀이하는 재미가 더 즐거운 작물입니다. 키도 크고 잎도 커서 꽃이 피고 열매가 열리는 과정들을 탐색하기에 매우 흥미로워요. 아이들에게 식물의 성장에 대한 관심을 갖도록 동기부여하기에 적합한 작물입니다.

추천 도서

미소노 글·그림, 책읽는곰

성장과정 한눈에 보기

4월 하순 옥수수 씨앗 심기 → 5월 상순 옥수수 싹 틔기 → 5월 중순 무럭무럭 자라기 → 6월 중순 옥수수꽃 피기 → 6월 하순 옥수수 열매 열리기 → 7월 중순 옥수수꽃 시들고 옥수수 열매 익어가기 → 7월 하순 옥수수 수염이 시들면 옥수수 열매 수확하기

준비물이 필요해요.

옥수수 씨앗, 거름(유박), 원형의 고무통(지름 30cm 이상, 깊이 50cm 이상)

밑거름을 넣어요.

- 씨앗을 심기 7일 전 한 컵 정도의 유박을 넣고 흙과 섞어요.

씨앗을 심어요.

- 옥수수는 키가 1.5~2m 이상 자라는 작물이기 때문에 화분이 커야 합니다. 특히 옥수수의 뿌리는 단단하고 커서 충분한 흙이 있어야 잘 자란답니다.
- 화분에 손가락 한 마디 정도의 깊이로 구멍을 파고 한 구멍에 한 알씩, 한 화분에 세 알 정도 심어요.
- 씨앗은 5cm 이상 서로 간격을 두고 심어요.
- 흙 깊은 곳까지 물이 스며들도록 물을 충분하게 주어요. 단, 씨앗이 흙 위로 올라오지 않도록 부드러운 물줄기로 물을 주어요.

Tip 옥수수는 모종을 구입해 심어도 되지만 씨앗 관찰과 싹트는 과정을 관찰하려면 모종보다 씨앗으로 심는 것을 추천합니다.

Tip 옥수수꽃이 서로 수정이 되어야 열매가 튼실하게 맺히므로 다섯 그루 이상 심어요.

✚ 이름표를 만들어요.

- 키가 높은 이름표를 만들어요.
- 나무 조각에 크레파스로 '옥수수'라고 쓰고 긴 막대에 못으로 이름표를 고정한 후 옥수수밭에 꽂아요. 씨앗을 심기 전 화분에 옥수수를 그리거나 이름을 써도 좋아요.

✚ 관찰기록장을 만들어요.

- 옥수수의 성장과정을 기록할 관찰장을 만들어 기록하거나 정기적으로 사진을 찍어 게시해요. 옥수수 키 재기, 옥수숫잎 길이 재기 등 옥수수의 변화를 비교하며 탐색하기 좋아요.

Tip 옥수수의 성장이 더디거나 잘 자라지 않으면 웃거름을 주어요.

수확해요.

- 옥수수 열매가 열리고 수염이 시들기 시작하면 옥수수를 수확해요.
- 옥수수는 한 그루에 2개 정도 열려요.
- 옥수수 수확하는 방법은 옥수수 열매를 잡고 아래쪽으로 잡아당기면 열매를 딸 수 있어요.
- 껍질을 벗겨 옥수수수수염과 알맹이를 관찰해요.

Tip 옥수수 알맹이 하나에 수염이 하나씩 붙어 있으니 탐색할 때 참고해요. 수염을 통해 옥수수 알맹이가 자란다는 옥수수 열매의 비밀, 신기하죠?

놀아요.

- 수확한 옥수수 열매를 아이들이 자유롭게 탐색할 수 있도록 충분한 시간을 제공해요.
- 옥수수 열매의 껍질을 벗기는 경험은 아이들에게 즐거운 놀이가 됩니다.
- 옥수수 수확을 마친 옥수숫대, 잎, 뿌리, 옥수수 껍질과 옥수수 알갱이를 탐색하고 놀이 재료로 활용하는 것도 좋아요. 다만 잎에 손 등을 베일 수 있으니 주의하도록 지도해주세요.
- 옥수숫대와 잎, 옥수수수수염 그리고 기타 자연물을 이용해 옥수수 인형을 만들고 인형극 공연을 해요.
- 팝콘용 옥수수로 놀아요.

갈무리해요.

- 옥수수 뿌리는 매우 강하고 튼튼해 뿌리를 제거하는 데 어려움이 많아요. 상자나 화분에 심었다면 통째로 뽑아 흙을 털어내는 방법 또는 줄기만 잘라내고 뿌리 부분은 겨울 동안 방치해두었다 봄에 뽑는 방법도 고려해 보아요.
- 갈무리한 옥수수는 잎, 줄기, 꽃대를 잘 다듬어 환경구성이나 놀이에 활용해요.

Tip 자루에 옥수수 심기

옥수수를 자루에 심으면 갈무리할 때 유리해요. 다만 자루가 잘 마르기 때문에 흙이 마르지 않도록 물을 잘 주어야 해요.

한련화(나스터튬)

심기와 물주기

해가 잘 들고 바람이 잘 통하며 물 빠짐이 좋고 다소 건조한 곳에 씨앗(씨앗이 크기 때문에 직파해도 좋음)이나 모종으로 봄과 가을에 심어요. 포기와 포기의 사이는 20cm 이상 간격을 두고 심어요. 과습에 약하므로 장마철에는 비를 맞지 않는 곳으로 이동해 관리합니다. 한련화는 꽃이 아름답고 넝쿨로 자라기 때문에 행인 바스켓으로 이용하면 좋아요.

번식하기

봄과 가을에 삽목이 가능해요. 잎이 5장 정도 달린 줄기를 잘라서 아랫잎은 떼어내고 물올림을 한 후 배양토에 삽목합니다.

수확하기

한련화는 잎과 꽃 모두 식용이 가능해요. 잎이 부드럽고 싱싱할 때 수확하는 것이 좋아요.

비료 주기

질소분이 많으면 잎만 무성해지므로 꽃을 많이 보려면 질소보다 월 1회 인산 비료를 주는 게 좋아요. 줄기가 20cm 정도 자라면 잎을 따줘 곁눈을 키우고 가짓수를 늘려요. 꽃이 지고 나면 열매(씨앗)가 열립니다.

이용하기

꽃과 잎은 샐러드나 샌드위치 등에 넣어 그대로 먹을 수 있어요. 미숙과(녹색일 때)는 피클용으로, 완숙과는 갈아서 겨자나 후추처럼 사용합니다.

이탈리안 파슬리

심기와 물주기

햇빛이 잘 들고 통풍이 잘되는 장소, 배수가 잘되는 흙이 좋아요. 고온다습한 환경을 싫어하며 자주 수확해서 솎아내야 합니다. 씨앗이 발아할 때까지 흙이 마르지 않도록 싹이 날 때까지 신문 등을 덮어주면 좋아요.

번식하기

옮겨 심는 것을 싫어하므로 파종하여 키웁니다. 봄에 파종하여 가을에 수확하고, 가을에 파종해서 이듬해 봄에 수확해요.

수확하기

아래쪽에 누렇게 변한 잎은 수시로 제거하고 특히 여름철에는 통풍이 잘돼야 해요. 파슬리는 잎이 열 장 정도 되면 줄기째 수확해요.

비료 주기

완효성비료를 준비해서 심을 때 흙에 섞어요. 웃거름은 봄과 가을에 한 번씩 주는 것을 원칙으로 합니다.

✚ 이용하기

잎을 건조해 허브티로 이용하거나, 육류나 생선요리, 버터나 치즈, 수프에 섞어 넣어요.

5세

추천 작물 오이, 고구마, 수세미

추천 꽃&허브 바질, 딜

추천 이유 기후변화와 환경

유아기는 영아기에 구축한 인프라를 기반하여 각 발달영역에 질적 성장을 가속화하는 중요한 때이므로 발달에 중요한 기초를 이루는 시기이다. 따라서 삶의 전반에 영향을 미칠 수 있는 이 시기에 전 사회적으로 중요시 여기는 가치에 동참하고 실천하도록 지도하는 일이 매우 중요하다. 지금 전 세계는 기후변화로 인한 환경 문제를 해결하기 위해 다각적으로 협력하고 있다. 이는 어른들만의 영역이 아니라 차세대인 어린이들도 기후변화와 환경을 위해 인식을 같이할 필요가 있다. 고구마, 수세미는 자연친화적으로 살았던 삶 속에서 꼭 필요했던 작물이다. 자연 그대로 섭취하고 자연을 생활도구로 사용했던 시기를 돌아보기 위해 추천한다.

이 외에도 심고 난 후 수확까지 긴 시간을 기다려야 하는 인내가 필요한 작물로 수확 방법과 수확물 이용방법 등에 대한 지식과 기술이 필요한 오이를 추천한다. 오이는 줄기가 높게 자라는 작물로 높은 지주를 세우고 묶어주어야 하며 잎, 줄기, 열매에 가시가 있어 위험에 대한 인식과 더불어 스스로 주의할 수 있는 연령의 유아들이 가꿀 수 있는 작물이다.

작물

앗 따가워! 오이

오이 수확이 한창인 6월 하순, 오이는 갈증을 달래주지요. 오이는 생각만큼 아이들이 잘 먹는 채소는 아니지만 하루가 다르게 쑥쑥 자라는 오이를 보며 아이들은 찬사를 보낸답니다. 단, 잎과 줄기, 열매에 가시가 있으므로 오이를 관찰할 때 주의해야 합니다.

추천 그림책

(좌) 스미쿠라 토모코 글·그림, 전예원 옮김, 상상의집 (우)유지우 글·그림, 현암주니어

성장과정 한눈에 보기

5월 상순 오이 모종 심기 → 5월 중순 지주 세우기 → 5월 하순 오이꽃과 덩굴손 → 6월 상순 웃거름하기 → 6월 중순 오이 수확하기 → 7월 하순 오이 갈무리

준비물이 필요해요.

오이 모종, 500ml 페트병, 거름(유박), 상자텃밭(50×50×30cm), 지주(2m)

Tip 상자텃밭은 물 공급이 수시로 가능한 저면관수 화분이 오이 가꾸기에 아주 좋아요. 오이는 뿌리가 길고 옆으로 넓게 뻗는 속성이 있어 노지 밭에 심는 게 좋지만, 텃밭 사정에 따라 상자텃밭에 심고 흙이 마르지 않도록 물관리를 잘하면 오이가 잘 자랄 수 있어요.

밑거름을 넣어요.

- 모종을 심기 7일 전 한 컵 정도의 유박을 넣고 흙과 잘 섞어요.

모종을 구입해요.

- 오이 모종은 가까운 원예상이나 종묘상에서 구입해요.
- 오이 모종은 줄기가 굵고 색이 짙으며 잎이 3~4장 정도로 싱싱한 것을 구입해요. (오이 키가 크고 줄기가 가느다랗고 잎이 누렇게 변한 모종은 오래된 모종이니 구입하지 않는 게 좋아요.)

Tip 오이, 토마토, 가지 등 열매가 열리는 작물의 경우, 2명이 한 그루를 함께 심고 가꾸면 책임감, 소속감, 친구와의 친밀감, 협동심 등이 생겨 좋아요.

모종을 심어요.

- 함께 가꿀 짝꿍을 정해요.
- 짝꿍과 함께 오이 모종을 관찰해요.

- 모종에 달린 흙의 크기에 맞게 구덩이를 파요.
- 구덩이에 물을 충분하게 넣어요.
- 오이와 오이의 간격은 30cm 정도 두고 심어요.

- 물이 흙에 모두 스며들면 모종을 넣고 흙으로 덮어요.
- 모종이 쓰러지지 않도록 주의하며 모종 주변으로 물을 충분하게 주어요.

Tip 짝꿍과 함께 심는 방법

한 사람이 구덩이를 파면, 한 사람은 구덩이에 물을 넣어요. 다시 한 사람이 구덩이에 모종을 넣고 잡아주면, 다른 한 사람은 흙으로 덮어요. 둘이 서로 역할을 나누어 오이 모종을 심어요.

✚ 이름표를 만들어요.

- 짝꿍과 함께 공예용 철사를 이용하여 이름표를 만들어요.
- 오이 뿌리가 다치지 않게 이름표를 꽂아주어요.

✚ 모종에 지주를 세워요.

- 오이는 키가 높이 자라고 열매가 크기 때문에 길고 튼튼한 지주(길이 2m 이상)를 준비해요.
- 오이는 덩굴손이 나와서 스스로 지주를 잡고 자라지만 바람이 불거나 열매가 열리면 쓰러질 염려가 있으니 오이 줄기를 지주에 묶어 주어야 해요. 줄기를 묶을 때 약간의 여유를 두고 묶어야 줄기가 편하게 자랄 수 있어요.

Tip 오이를 많이 재배하는 농가에서는 오이망을 설치해 키우기도 한답니다.

✚ 수확해요.

- 오이는 물을 아주 좋아해요. 오이가 빠르게 성장하기 시작하는 5월 하순부터 열매가 열리는 7월 중순까지 매일 매일 물을 주어야 오이가 잘 자라요.
- 오이는 줄기와 잎, 열매에 가시가 있어 주의가 필요해요. 오이를 수확할 때는 장갑을 착용하고, 선생님의 도움을 받아 열매를 따는 전용 가위를 사용해 수확해요. 열매에 달린 꼭지가 단단해 손으로 따기 어려워요.
- 오이 열매가 20cm 이상 자랐을 때 수확해요.
- 수확한 오이의 길이를 재보는 활동을 통해 길이, 무게, 부피 등 측정에 대한 관심을 가져요.
- 수확한 오이는 바로 깨끗이 씻은 후 적당한 크기로 잘라 맛과 향, 식감을 느껴보는 시간을 가져요.
- 오이씨 채종을 위해 두 개 정도는 수확하지 않고 그대로 두어요.

Tip 평소 전자저울과 자를 제공해 수시로 측정하는 경험을 할 수 있도록 해요.

웃거름을 해요.

- 오이는 거름을 많이 필요로 하는 작물은 아니지만 튼실한 열매를 수확하기 위해 2주일 간격으로 오이 한 그루에 유박 한 스푼 정도씩 웃거름해요.

놀아요.

- "오이로 뭐할까?"라고 질문하면 아이들은 "마사지해요!"라고 대답하는 경우가 많아요. 주위 어른들이 하는 오이 마사지를 본 경험 때문이겠죠. 시원한 오이를 얇게 슬라이스해 놀이터에서 돌아온 아이들 얼굴에 붙여주면 매우 매우 좋아한답니다.

- 오이의 성장이 멈출 시기가 되면 오이가 제대로 자라지 않고 조롱박 모양, 개미 모양, 초승달 모양 등 재미있는 모양으로 열려요. 이때 오이 열매를 버리지 말고 다른 열매들과 함께 탐색하고, 열매의 모양이 왜 이렇게 되었는지 알아보는 경험을 통해 즐거운 배움의 시간을 가져보아요.

✚ 오이 덩굴을 뽑고 갈무리를 해요.

- 갈무리할 때 반드시 장갑과 토시를 착용해요.
- 먼저 씨앗 채종을 위해 남겨둔 오이를 수확해요.
- 지주에 묶은 끈을 풀고 지주를 뽑아요.
- 덩굴을 제거해요.
- 지주와 끈은 다음에 재사용할 수 있도록 정리해 보관해요. 덩굴은 햇볕에 말려서 쓰레기 처리해요.

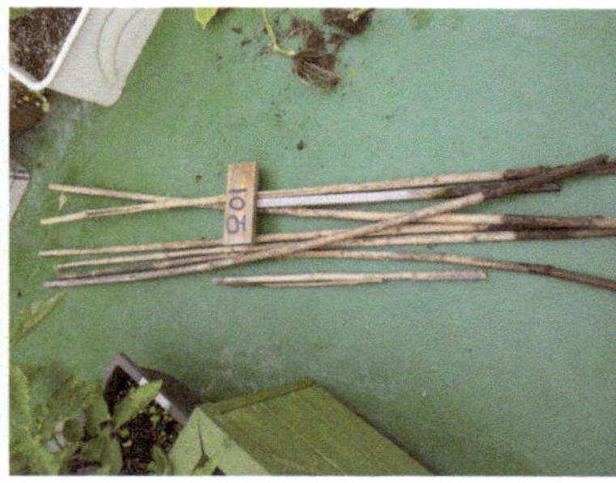

✚ 씨앗을 채종해요

- 누렇게 잘 익은 오이를 반으로 잘라 속을 긁어내어 3~4일 정도 물에 담가두면 씨앗이 과즙과 분리돼요. 이때 과즙은 흘려버리고 씨앗만 맑은 물에 씻어 햇빛에 말려요.

아주 아주 큰 고구마

고구마는 다른 작물에 비해 심을 때와 수확할 때 외에는 관심이 높지 않아요. 줄기를 심고 수확할 때까지 성장과정에서 큰 변화 없이 줄기만 자라기 때문입니다. 고구마 성장과정에 아이들이 관심을 가지도록 고구마 잎과 줄기의 변화, 자라는 속도 등을 기록해 그림이나 사진으로 게시해보세요. 줄기 들추기 등의 작업을 아이들과 함께한다면 고구마에도 애정과 관심을 갖게 된답니다. 이러한 관심과 애정은 수확에 대한 기대감을 더욱 높이고 흥미를 키워줘요. 특히 추천 그림책 《아주 아주 커다란 고구마》는 아이들이 매우 좋아해요.

추천 그림책

(좌)아카바 수에키치 글·그림, 양미화 옮김, 창비 (중앙/우)사이다 글·그림, 반달(칸더랜드)

성장과정 한눈에 보기

5월 중순 고구마 순 심기 → 6월 상순 고구마 새순 → 9월 상순 고구마 잎줄기 수확 → 10월 중순 고구마 수확하기

✚ 준비물이 필요해요.

고구마 순, 거름(유박), 텃밭상자 또는 자루(지름 50cm 이상, 높이 50cm 이상)

✚ 밑거름을 넣어요.

- 고구마를 심기 7일 전 한 컵 정도의 유박을 넣고 흙과 섞어요.

✚ 고구마 순을 심어요.

- 고구마를 구입해 싹을 키워요.
- 고구마 싹이 20cm 이상 자라서 줄기가 길어지면 줄기를 떼어 심어요.
- 구덩이를 길게 파고 고구마 줄기(순)의 절반 정도를 비스듬하게 땅에 묻어요.
- 줄기(순)에서 새순이 돋을 때까지 흙이 마르지 않도록 관리해요.

- 고구마는 줄기가 길게 뻗어 자라기 때문에 다른 작물과 함께 심으면 피해가 될 수 있어요. 또한 고구마는 다른 작물에 비해 생육 기간이 길어 연간 작물계획을 잘 살펴야 합니다.
- 고구마는 단단하고 포슬포슬한 밤고구마, 물렁하고 단맛이 강한 꿀고구마, 속이 노란 호박고구마 등 여러 종류가 있어요. 대체적으로 아이들은 속이 노란 호박고구마를 좋아해요.

Tip 고구마 줄기(순)는 재래시장, 원예상, 농자재 판매상 등에서 구입할 수 있어요.

Tip 고구마를 자루에 심어도 좋아요. 단, 햇빛이 강한 여름에는 자루에 담은 흙이 쉽게 마를 수 있으니 흙이 마르지 않도록 물을 자주 주어야 해요.(구입한 고구마 줄기를 물에 담가 두었다 뿌리를 내린 후 심으면 더 좋아요.)

이름표를 만들어요.

- 사용하지 않는 플라스틱 화분을 거꾸로 놓고 아크릴물감으로 '고구마' 라고 써요.
- 화분 이름표를 고구마밭 한쪽에 두어요.
- 화분 이름표는 땅에 고정하거나 나뭇가지 등에 화분을 걸어두어도 재미있어요.

고구마 잎줄기를 따요.

- 장마가 지나고 8월경 고구마 줄기가 무럭무럭 자라서 흙을 소복하게 덮으면 고구마 줄기에 붙어 있는 고구마 잎줄기를 따서 아이들과 잎줄기 껍질 벗기기 놀이를 해요.
- 껍질을 모두 벗긴 고구마 잎줄기는 나물이나 김치로 만들어 먹거나 말려서 묵나물로 만들어요.

Tip 고구마 잎줄기를 따주는 것은 고구마잎으로 가는 영양분을 줄여 고구마 뿌리가 더 잘 자라게 하는 데 도움이 돼요.

수확해요.

- 고구마는 첫서리가 내리기 전에 수확해야 해요.
- 고구마는 추위에 약해 서리를 맞거나 냉해를 입으면 쉽게 썩을 수 있어요.
- 고구마 수확은 먼저 줄기를 가위로 잘라내요.
- 줄기에 붙은 싱싱한 잎줄기는 잘 따서 김치를 담그거나 말려서 묵나물을 만들어요.

- 줄기를 걷어낸 다음 고구마가 상처 입지 않도록 호미로 조심조심 수확해요.

Tip 호미는 끝이 뾰족하여 사용 전 안전하게 사용하는 방법에 대해 이야기를 나눠요.

- 수확한 고구마는 아이들과 함께 고구마 성장에 관한 이야기, 고구마의 맛, 크기, 모양, 냄새, 무게, 수량 등을 확인하고 느껴보는 시간을 가져요.

놀아요.

- 수확한 고구마는 생으로도 먹고, 삶아 먹거나 구워 먹는 등 다양한 요리가 가능해요. 우유와 함께 갈아서 고구마라떼로도 먹을 수 있어요.
- 고구마 줄기는 단단해 줄넘기나 줄다리기를 할 수 있어요. 줄다리기에 활용할 경우 고구마 줄기 여러 개를 서로 엮어서 사용해요. 그 밖에도 고구마 줄기를 다양한 방법으로 즐기는 아이들의 모습을 볼 수 있어요.

친환경 대표 수세미(사과락)

수세미는 '사과락'이라고도 불리는데 재배하는 곳들이 많지 않아 도심에서는 보기가 쉽지 않아요. 수세미즙은 화장수로도 사용하고, 어린잎은 쌈이나 나물로 먹어요. 꽃과 열매는 말려서 차로 마시며, 익은 열매는 천연수세미로 활용합니다. 영양 많고 활용성도 높고 경관까지 아름답게 하는 수세미를 함께 키워봐요.

추천 그림책

이지 버크 글, 펠린 터거트 그림, 서희준 옮김, 계수나무

성장과정 한눈에 보기

5월 상순 수세미 모종 심기 → 5월 하순 수세미 줄기 견인하기 → 6월 하순 수세미꽃 관찰하기 → 7월 중순 수세미 열매가 주렁주렁 → 9월 상순 수세미 수확하기

준비물이 필요해요.

수세미 모종, 500ml 페트병, 거름(유박), 화분(50×50×30cm), 지주와 견인용 줄(끈)

밑거름을 넣어요.

- 모종을 심기 1주일 전 반 컵 정도의 유박을 넣고 흙과 섞어요.

모종을 심어요.

- 수세미 모종은 원예상이나 인테넷 등에서 구입할 수 있어요.
- 모종에 달린 흙의 깊이 만큼 구덩이를 파요.
- 패트병을 이용해 구덩이에 물을 충분히 주어요.
- 물이 흙에 모두 스며들고 나면 수세미 모종을 넣고 흙으로 덮어요.
- 수세미 모종이 쓰러지지 않도록 조심하며 페트병으로 수세미 주변에 물을 주어요.

- 씨앗을 구입해 심어도 좋아요. 단, 수세미를 씨앗으로 심을 경우 4월 중순경 화분 하나에 씨앗 2~3개 정도 심어서 튼튼한 모종 하나만 남기고 솎아내요. 솎아낸 모종은 나눔하거나 다른 화분에 옮겨 심어도 좋아요.

Tip 수세미는 햇빛도 좋아하고 물도 좋아해요.

Tip 수세미를 창문 아래 화단에 심어 옥상으로 견인해서 키워보아요. 한여름 시원한 천연커튼 역할을 한답니다.

이름표를 만들어요.

- 수세미 이름표는 가랜드 형식으로 만들면 재미있어요.
- 수세미 줄기가 올라갈 길을 따라 가랜드(축하화환에 달린 것 재활용) 이름표를 달아주어요.

✚ 지주를 세우고 견인줄을 설치해요.

- 수세미의 본잎이 나오고 줄기에서 덩굴손이 나오기 시작하면 지주를 세우거나 울타리 등을 타고 자랄 수 있도록 해요. 수세미 줄기는 10m 이상 자라고 덩굴이 많아 다른 작물에 피해를 줄 수 있으므로 수세미 줄기가 다른 식물을 방해하지 않도록 덩굴 견인을 잘 해줘야 해요.
- 수세미가 처음 자랄 때는 줄기도 가늘고 약해 보이지만 자랄수록 점점 무성하게 성장해 옆집 담을 넘거나 전봇대를 감싸고 올라갈 정도로 자라는 것을 볼 수 있어요.
- 견인줄을 튼튼하게 잘 설치해야 해요.

웃거름(덧거름)을 해요.

- 수세미가 꽃이 필 무렵 웃거름을 해요.
- 수세미 주변에 흙을 살짝 걷어내고 유박 한줌씩 넣어주면 열매도 튼실하게 잘 열려요.
- 수세미는 물을 좋아해요. 흙이 마르지 않도록 물을 자주 주어요.

수확해요.

- 수세미는 활용 용도에 따라 수확 시기가 달라요.
- 꽃은 따서 말린 후 따뜻한 물에 우려 차로 마셔요.
- 영글지 않은 어린 수세미 열매는 볶음이나 전으로도 먹어요.
- 수세미 열매의 섬유질이 질겨지기 전(열매가 단단해지기 전) 수확하여 자른 후 햇볕에 잘 말려 보리차 끓이듯 우려낸 물을 아침저녁 공복에 먹으면 좋아요. 다만 몸이 차거나 소화기관이 약한 사람, 임산부는 주의해야 합니다.

천연수세미를 만들어요.

- 껍질이 노랗게 잘 익은 수세미는 껍질을 까는 것만으로 천연수세미를 얻을 수 있어요.
- 덜 익은 수세미는 소금물에 푹 삶아 내면 천연수세미를 얻을 수 있어요.

✚ 놀아요.

- 수세미 씨앗으로 게임, 꾸미기, 만들기 등 다양한 놀이를 해요.
- 수세미차는 작두콩과 잘 어울려 함께 우려 먹으면 좋아요.

바질

심기와 물주기

햇빛이 좋고 배수가 잘되고 영양이 풍부한 흙에서 잘 자라요. 더위에 강해서 기르기 쉬운 반면 추위에 약해서 온도 관리가 필요해요.

번식하기

바질은 씨앗을 받아 번식시켜요. 봄에 파종하거나 모종을 심으면 9월에 씨앗을 채종할 수 있어요. 채종은 꽃대를 잘라 신문이나 자리를 깔고 바질 꽃대를 펼쳐 말린 후 툭툭 털면 씨앗이 떨어져요.

수확하기

길이가 20cm 정도 자라면 첫 순 따주기를 해 곁가지를 늘여줘요. 바질은 꽃이 피면 잎이 질겨지므로 꽃대가 형성될 때 꽃대를 따주어야 부드러운 잎을 오래 수확할 수 있어요.

비료 주기

심을 때 완효성비료를 흙에 섞어서 심고 한 달에 한 번 정도 웃거름을 주면 수확량을 늘릴 수 있어요.

이용하기

바질은 토마토, 치즈, 올리브유와 잘 어울려요. 파스타, 피자, 토마토를 이용한 샐러드, 바질페스토 등에 이용해요. 허브티로 마시면 소화에 도움이 되고, 수확량이 많으면 말려서 입욕제로 사용해도 좋아요. 상쾌한 바질향은 긴장을 완화시키는 데 효과가 있어요.

딜

✚ 심기와 물주기

딜은 1년생 허브로 아름답고 우아한 모습 때문에 관상용으로 인기가 많아요. 봄이나 가을에 씨앗을 뿌려 기르며, 봄에 뿌리면 우아한 꽃과 씨앗을 얻을 수 있어요. 가을에 뿌리면 잎과 줄기를 많이 수확할 수 있습니다. 뿌리가 곧고 길게 자라므로 화분에 심을 경우 깊은 화분에 심어야 하고 다습한 환경을 싫어하므로 흙의 표면이 마르면 물을 충분히 주어요.

✚ 번식하기

딜은 꺾꽂이(삽목)나 이식이 어려우므로 씨를 뿌려서 번식시켜요. 파종 후 솎아내기가 필요하고 포기와 포기 사이는 30cm 이상 두어야 잘 자라요.

✚ 수확하기

봄에 파종한 딜은 4월부터 8월까지 잎 수확이 가능하며 아랫부분부터 수확해야 해요. 포기의 중앙에 있는 생장점을 자르지 않도록 주의해요.

✚ 비료 주기

심을 때 완효성비료를 흙에 섞어서 심고, 높이가 1m 이상 자라면 지주를 세워 쓰러지지 않게 해요.

✚ 이용하기

마요네즈나 드레싱소스를 만들 때 잎을 넣어 맛을 내요. 딜 씨앗은 차로 사용하며, 줄기째로 잘라서 건조시킨 다음 요리나 허브티로 사용할 수 있어요.

부록

- 텃논 만들기와 벼 키우기
- 가족 및 지역사회 연계 사례
- 생태프로그램 「자연담음」 공모전 수상작
- 식물 돌보기 포인트
- 한눈에 보는 텃밭정원 작물 달력
- 작물별 추천 그림책 목록

텃논 만들기와 벼 키우기

텃밭에 수경공간을 만들고 벼와 수경식물을 키우면 더 다양한 생물들이 유입되어 배움과 즐거움이 더 커집니다. 우리의 주식이 되는 벼를 직접 키우고 수확하는 일은 모두에게 특별한 경험이 될 거예요.

추천 그림책

(좌)밤코 글·그림, 향출판사 (중앙)배영하 글, 류정우 그림, 한솔수북 (우)보리 글, 김시영 그림, 보리

성장과정 한눈에 보기

5월 상순 볍씨 심기 → 5월 하순~6월 초순 벼 모종 심기(모내기) → 7월 중순경 웃거름하기 → 10월 상순~중순 벼 수확하기(벼 수확 10일 전 텃논에 있는 물을 빼내요.)

✚ 준비물이 필요해요.

수도용 상토, 함지박, 볍씨, 두부곽(육모상자), 송곳, 부직포 또는 신문, 물조리개, 웃거름(NK비료)

✚ 모종을 만들어요(볍씨 심기).

- 송곳을 이용하여 빈 두부곽에 물이 빠질 수 있도록 구멍을 뚫어요.
- 수도용 상토를 반 정도 채워요.
- 물에 불린 볍씨를 촘촘하게 뿌려요.
- 흙을 덮어요.
- 볍씨가 튀어나오지 않도록 부드러운 줄기로 물을 충분하게 주어요.
- 흙이 마르지 않도록 부직포나 신문지를 덮어요.
- 매일 매일 물을 주면서 싹이 돋고 벼 모종이 자라는 모습을 관찰해요.

5월 9일 두부곽으로
육모판 만들기

수도용 상토 넣기

볍씨 뿌리기

흙덮기

신문으로 덮기

5월 14일 싹이 틈

5월 19일 2cm 정도 자람

5월 26일 7cm 정도 자람(모종 완성)

Tip 모종을 만드는 동안 흙이 마르지 않도록 매일 물주기를 해야 해요. 흙이 마르면 벼 모종이 바로 말라버리니 주의하세요.

모종을 심어요.

- 함지박에 수도용 상토를 반 정도 넣어요.
- 수도용 상토 위로 5cm 정도까지 차도록 물을 넣어요.
- 한 뼘(15~18cm) 정도 자란 벼 모종을 7~8포기 정도씩 나누어 15cm 간격으로 흙 속에 심어요.

웃거름(비료)을 주어요.

- 벼 모종이 자라서 이삭이 나올 즈음(벼 줄기가 두꺼워짐) 웃거름을 주어요.

Tip 벼가 자라는 상태를 보면서 웃거름은 한 번 또는 두 번 정도 주어요.

허수아비를 만들어요.

- 허수아비는 재사용이 가능한 폐품을 활용하여 만들어요.
- 헝겊, 빈통, 모자, 막대, 끈, 가위, 테이프 등이 필요해요.
- 빈 깡통에 돌을 넣어 허수아비에 연결한 줄에 매달아 두면 바람이 불거나 건드리면 소리가 나서 새를 쫓을 수 있어요.
- 아이들과 충분하게 이야기를 나누고 만들기를 해요.
- 개별 또는 협력하여 만들어요.

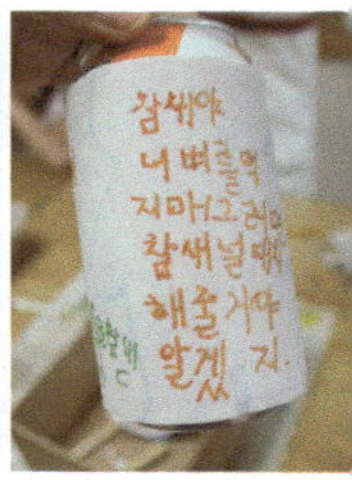

벼를 수확해요.

- 가위를 이용해 벼를 수확해요(교사의 도움이 필요해요).
- 수확한 벼를 햇볕에 일주일 정도 말려요.
- 젓가락을 이용해 볍씨를 딸 수 있어요.
- 볍씨는 햇볕에 하루 정도 더 말린 후 저장해요.

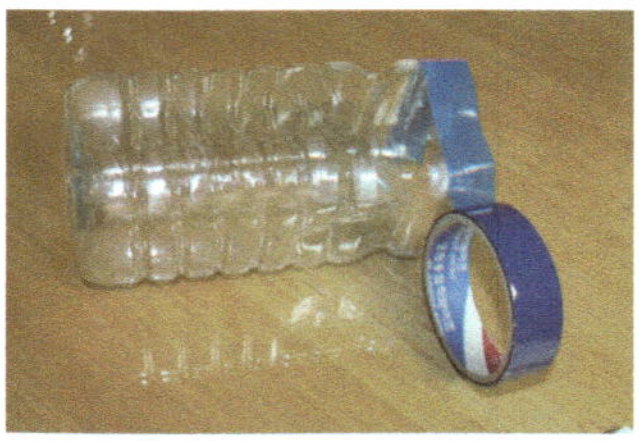

Tip 빈 페트병에 벼를 심어 키워도 잘 자라요.

가족 및 지역사회 연계 사례

텃밭은 가족 및 지역사회와 자연스럽게 연계되는 공간입니다. 접근성이 가까운 곳에 위치해 있고 다양한 식물의 성장을 매일매일 지켜볼 수 있으며, 가끔씩 유입되는 나비와 꿀벌 등 곤충들을 만날 수 있어요. 부모님과 아이들 그리고 마을 사람들이 즐겁게 소통하는 모습을 자주 보게 됩니다.

고양시립다움어린이집 김장행사

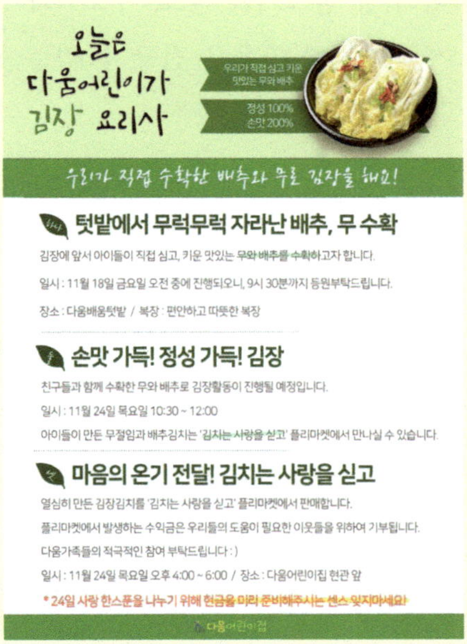

아이들이 직접 가꾼 배추와 무, 파를 수확하며 김장 담그기를 하고, 부모님과 지역 사회 사람들에게 판매하였어요. 모아진 금액은 겨울 따뜻한 마음을 전할 수 있는 곳에 기부하였답니다.

텃밭정원에서 가족, 마을이 함께한 일들

텃밭 채소 비빔밥, 채소 쌈밥, 자연물로 상차리기, 자연물 탁본과 염색, 나무화분 꾸미고 꽃 심기 등을 부모님과 함께해요.

부모 협력 수업 '놀며 배우는 행복한 텃밭 놀이터'

✓ 누리과정 영역별 목표

✓ 텃밭 게임방

1. 텃밭송에 맞춰 율동을 하며 준비운동을 한다.
   예술경험> 창의적으로 표현하기> 신체나 도구를 활용하여 움직임과 춤으로 자유롭게 움직인다
2. 몸에 좋은 채소와 몸에 좋지 않은 채소그림을 보며이야기를 나눈다.
   의사소통> 듣기와 말하기> 자신의 경험, 느낌, 생각을 말한다.
3. 교실에 있는 장애물을 보며 게임 방법을 알아본다.
   의사사통> 듣기와 말하기> 상대방이 하는 이야기를 듣고 관련해서 말한다
4. 팀을 나누고 장애물을 건너가 채소를 따서 먹는다.
   신체운동 · 건강>신체활동 즐기기> 신체를 인식하고 움직인다.
5. 채소를 맛있게 먹는 친구는 칭찬 도장을 받는다.
   신체운동 · 건강>신체활동 즐기기> 신체를 인식하고 움직인다

✓ 텃밭 만들기방

1. 싹이 났어요 동요를 부르며 손유희를 한다.
   예술경험> 창의적으로 표현하기> 움직임과 춤으로 자유롭게 표현한다
2. 화분에 심고 싶은 식물에 대해서 이야기를 나눈다.
   의사소통> 듣기와 말하기> 자신의 경험, 느낌, 생각을 말한다.
3. 화분 꾸미기 활동에 대한 설명을 듣는다.
   의사사통> 듣기와 말하기> 말이나 이야기를 관심있게 듣는다

4. 미술 재료에 대한 설명을 듣는다.
   의사사통> 듣기와 말하기> 말이나 이야기를 관심있게 듣는다
5. 미술 재료로 나무 화분을 꾸며 나만의 화분을 완성한다.
   예술경험> 창의적으로 표현하기> 다양한 미술 재료와 도구로 자신의 생각과 느낌을 표현한다
6. 내가 만든 화분을 부모와 친구들에게 소개한다.
   사회관계> 더불어 생활하기> 서로 다른 감정, 생각, 행동을 존중한다

✓ 텃밭 관찰방

1. 활동 방법에 대해서 설명을 듣는다
   사회관계> 더불어 생활하기> 약속과 규칙의 필요성을 알고 지킨다
2. 다양한 모종 중에서 심고 싶은 모종을 고른다.
   자연탐구> 탐구과정 즐기기> 궁금한 것을 탐구하는 과정에 즐겁게 참여한다
3. 부모님과 함께 내가 꾸민 나무 화분에 모종을 심는다.
   자연탐구> 생활속에서 탐구하기> 물체의 특성과 변화를 여러가지 방법으로 탐색한다

4. 모종을 심은 후 물조리개로 화분에 물을 준다.
   자연탐구> 자연과 더불어 살기> 생명과 자연환경을 소중히 여긴다
5. 아이스크림 막대에 모종 이름과 유아 이름, 식물에게 하고 싶은 이야기를 적어서 화분에 꽂는다.
   의사소통>읽기와 쓰기에 관심가지기> 자신의 생각을 글자와 비슷한 형태로 표현한다
6. 자신이 심은 화분을 친구들에게 소개한다.
   사회관계> 더불어 생활하기> 서로 다른감정, 생각, 행동을 존중한다.

✓ 텃밭 요리방

1. 또띠아 재료를 보고 함께 이야기를 나눈다.
   의사소통> 듣기와 말하기> 자신의 경험, 느낌, 생각을 말한다
2. 또띠아에 대한 설명을 듣는다.
   의사사통> 듣기와 말하기> 말이나 이야기를 관심있게 듣는다
3. 아이들과 함께 수확한 채소에 대해 이야기를 나누고, 채소 또띠아 재료를 소개한다.
   의사소통> 듣기와 말하기> 자신의 경험, 느낌, 생각을 말한다.
4. 요리 순서를 소개한다.
   의사사통> 듣기와 말하기> 말이나 이야기를 관심있게 듣는다
5. 부모님과 함께 또띠아를 만들어본다.
   자연탐구> 탐구과정 즐기기> 궁금한것을 탐구하고 즐겁게 참여한다
6. 완성된 또띠아를 반으로 자르고 속을 관찰한다.
   자연탐구> 생활속에서 탐구하기> 물체의 특성과 변화를 탐색한다.
7. 부모님께 완성된 또띠아를 드리고 함께 시식한다.
   사회관계> 더불어 생활하기> 가족의 의미를 알고 화목하게 지낸다

✓ 텃밭 작가방

1. 마이크를 활용하여 텃밭에 가면 노래를 주고받는다.
   예술경험> 창의적으로 표현하기> 노래를 즐겨 부른다
2. 삼행시 게임 설명을 듣는다.
   의사소통> 듣기와 말하기> 말이나 이야기를 관심있게 듣는다
3. 비밀상자에서 나무 조각을 꺼낸다.
4. 나무조각에 나온 단어로 삼행시를 지어본다.
   의사소통> 읽기와 쓰기에 관심가지기> 자신의 생각을 글자와 비슷한 형태로 표현한다
5. 친구와 함께 내가 지은 삼행시를 발표한다.
   의사소통 > 듣기와말하기> 바른 태도로 듣고 말한다
6. 나는 작가 왕 포토존에서 안경을 착용하고 사진을 찍는다.
   예술경험> 예술감상하기> 서로 다른 예술 표현을 존중한다

구립해담어린이집 '이웃과 함께하는 사랑의 바자회'

텃밭에서 키운 채소와 열매로 쿠키, 청, 천연수세미, 카드 등을 만들어 판매해요. 가족들은 사용하지 않은 물건을 가져와 나눔해요. 수익금은 지역사회 필요한 곳에 기부했답니다.

생태프로그램 「자연담음」 공모전 수상작

놀이 안에 생태계를 담다.

(배추벌레와 고치벌 이야기)

글 : 고양시립 다움어린이집 원장 이선미, 해솔반(만 5세) 담임 유하영 선생님

나는 가끔 '우리가 누리는 이 자연환경을 다음 세대가 누릴 수 있을까?' 하는 생각을 한다. 어른인 우리가 잘 보존하는 것도 중요한 과제지만, 자연환경의 소중함을 아이들이 바르게 인식하고 자연을 소중하게 여기는 습관을 교육하는 것도 매우 중요하다고 생각하고 있다. '어떻게 하면 아이들에게 자연환경의 소중함에 대한 인식을 가지도록 해줄 수 있을까?' 늘 고민했다.

그러던 중 《놀이에서 답을 찾다》(공동체, 2020)라는 책을 읽게 되었고, 그 속에서 해답을 찾았다. "무엇인가 재미있으면 또 하고 싶고 계속 하고 싶은 마음이 든다."라는 문장이었다. '재미!' 나는 아이들과 자연 속에서 재미있게 놀면 되는 것이다. '재미있게 놀다 보면 자연스레 환경에 관심을 갖고 사랑하고 아낄 수 있지 않을까?' 하는 생각이 나만의 확신으로 자리잡게 되었고, 이후 자연 속에서 즐기기로 했다.

우리 어린이집에는 텃밭이 있다. 봄 작물 갈무리를 하고 우리는 다함께 김장해서 먹을 배추와 무, 쪽파를 텃밭에 심었다. 텃밭에서 아이들의 고정 멘트인 "잘 자라라~"라

는 말을 하며 정성껏 심은 배추가 잘 자라고 있는지 확인하기 위해 우리는 자주 텃밭으로 나갔다.

텃밭에 도착하기도 전에 멀리서도 보이는 쪽파의 끝부분을 보며 아이들은 애정이 듬뿍 담긴 눈빛으로 "귀여워! 쪽파가 엄청 많이 자랐어! 머리를 내밀고 있는 것 같아!"라고 말하며 텃밭을 가꾸기 시작했다. 7살인 해솔반 친구들은 제법 텃밭 관리자가 된 것 같다. 익숙하단 듯이 물 조리개를 가지고 와서 물을 주고, 호미를 가져와 풀을 뽑는 꼬마농부가 되어 심었던 농작물들이 잘 자라고 있는지 여기저기 확인하기 시작했다.

"얘들아 여기 좀 봐봐! 지렁이가 있어!"

"우와 그러네! 죽어 있는 지렁이도 많아!"

"배추에는 달팽이랑 애벌레가 있어! 배추에 있는 구멍은 달팽이가 다 먹은 건가?"

"배추에 구멍이 있어? 나도 볼래!"

텃밭에 있는 지렁이와 달팽이, 애벌레를 찾던 아이들은 배추에 구멍이 생겼다는 사실에 더 큰 관심을 갖게 되었다. 구멍이 왜 난 걸까? 아이들은 궁금해하기 시작했다. 의견은 다양했다. 개미가 먹었을 것이다, 달팽이가 먹었을 것이다, 요즘 잠자리가 많이 보이던데 잠자리가 먹었을 것이다 등 아이들은 제각기 다 다른 의견을 내고 이야기를 나누며 원인을 찾기 시작했고, 구멍이 크게 난 배추를 관찰하던 중 커다란 애벌레가 배춧잎 속에 숨어 있는 것을 발견했다.

"얘가 범인이었어!"

범인을 찾은 아이들은 애벌레를 잡으려 여러 차례 시도했으나, 결국 교사에게 부탁을 했다. 교사인 나도 애벌레를 맨손으로 잡을 용기가 없었고 손으로 애벌레 잡는 것은 실패했다. 이대로 포기할 수 없는 우리는 어린이집에서 나무젓가락과 빈 통을 가지고 왔다. 나무젓가락이 있으니 교사도 아이들도 용기가 생겼다. 한 손에 나무젓가락을 들고 배춧속에 배추벌레를 잡기 시작했다. 배추벌레는 생각보다 아주 많이 있었다. 배추벌레를 잡다 보니 배추에 구멍을 낸 범인에게 불만을 표출하는 모습도 나타났다.

"우리 배추를 다 먹으면 어떡하니! 이 나쁜 배추벌레!"

텃밭을 관찰하고 가꾸는 중에 나타나는 아이들의 감정은 매우 다양했다. 교사는 이러한 아이들의 감정을 모아 교실에서 이야기를 나누기로 했다.

교실로 들어온 우리는 여섯 마리의 배추벌레를 어떻게 하면 좋을지, 구멍 뚫린 배추를 보면서 드는 감정은 어떠했는지, 왜 허브 잎은 먹지 않고 배춧잎만 먹은 것인지 등 다양한 이야기를 나누었다. 텃밭을 가꾸다 마주친 배추벌레에 대한 우리들의 관심은 점점 커지고 있었다.

배추 속에 숨어 있던 배추벌레는 교실에서 보니 꽤나 귀여운 모양새였다. 처음에는 징그럽다고 표현하던 아이들도 배추벌레에 마음을 빼앗겼는지, 이 귀여운 배추벌레를 교실에서 키우고 싶다 했다. 우리는 배추벌레를 잘 키우기 위해서 어떻게 해야 하는지 정보를 모아야 해서 먼저 텃밭 박사님으로 통하는 원장님께로 찾아갔다.

"원장님 이건 배추벌레에요. 키워보셨어요?"
"배추벌레를 키우려고 하는데 집은 어떻게 만들어야 해요?"

다행히 원장님께서는 배추벌레에 대해 잘 알고 계셨다. 배추벌레가 잘 크기 위해서는 흙도 조금 필요하고 배추도 필요하고, 적당한 수분도 있어야 한다고 말씀해 주셨다. 우리는 채집통을 찾아 밭에서 흙을 담아왔고, 배추를 한 잎 똑 따왔다. 그리고 배추벌레 담당 지킴이를 정했다. 매일 아침 분무기로 물을 뿌려주고 먹이도 넣어주어야 하니

까 말이다.

아이들의 관심은 하루하루 배추벌레가 어떻게 자라는지에 온통 쏠려 있었고, 관심은 행동으로 옮겨졌다. 돋보기를 가지고 와서 배추벌레의 생김새와 배추벌레의 똥, 먹이 먹는 모습, 기어가는 모습 등 집중 관찰이 시작된 것이다. 우리는 배추벌레를 돌보며 배추애벌레의 생태적 특성에 대해 이해해 보았다. 아이들은 그림책을 보면서, 또 가정에서 부모님과 이야기를 나누면서 관심을 키워 갔고, **점점 배추벌레의 입장에서 생각하기 시작했다.**

"나중에 배추로 김장을 해야 하니 배추를 다 줄 수는 없는데 조금씩 먹는 것은 괜찮다."는 표현을 하기도 했다. 배추에 구멍을 내서 나쁘다고 표현했던 아이들도 배추벌레와 꽤 많이 친해진 모습이었다. 배추벌레를 관찰하던 중에 우리는 배추벌레들이 뚜껑 위로 올라가는 모습을 관찰할 수 있었다.

"배추벌레들이 왜 다 천장으로 올라가는 거지?"

"선생님, 배추벌레들이 천장에 다 붙어 있어요! 왜 그러는 거예요?"

우리는 이유를 찾기 위해 모여 앉아 인터넷 검색을 시작했다. 검색 결과 배추벌레는 번데기가 되기 전 안전한 장소를 찾기 위해 위로 올라가기도 한다는 사실을 알게 되었다.

"우리 집 장수풍뎅이는 흙 속으로 들어가던데, 배추벌레는 나뭇가지나 뚜껑으로 올라간대요!"

"그럼 이제 배추벌레가 번데기가 되는 거야!"

"조금만 지나면 배추흰나비가 되는 것도 볼 수 있어!"

참 신기한 장면이었다. 여섯 마리의 배추벌레가 다 천장에 붙어 있다니…… 우리는 곧 나비가 될 배추벌레를 한마음으로 응원하였고, 안정감을 느끼도록 배추벌레 집을 많이 움직이지 않기로 약속했다.

다음 날, 교사는 출근하자마자 배추벌레의 집을 확인해 보았다. 정말 번데기가 되어 있는 것일까?

그런데 이게 무슨 일인가. 번데기는 없고 애벌레 주변으로 노란색 알이 아주 많이 있었다. 우리는 이야기 나누기 시간에 함께 모여 앉아 배추벌레가 낳은 것으로 추정되는 노란 알의 정체에 대해 이야기 나누었다.

"애벌레가 알을 낳았나 봐요!"

"그런데요 선생님, 애벌레가 어떻게 알을 낳아요? 알은 성충이 되어야 낳을 수 있잖아요!"

그렇다. 애벌레는 알을 낳을 수 없다. 교사는 아이들과 함께 정보를 모으기 시작했다. 인터넷을 찾아보기도 하고, 원장님께 가서 여쭤보기도 했다. 그러다 《배추벌레 알 100개는 어디로 갔을까?》라는 그림책을 발견했는데, 거기서 정답을 찾았다. 배추벌레 옆 노란색 알처럼 생긴 것은 알이 아니라 고치벌의 고치였다. 고치벌은 기생벌로, 배추벌레에 알을 낳고 애벌레 몸에서 부화한 유충이 그 속에서 성장하다가 애벌레의 몸을 뚫고 나온 뒤 바로 노란색 고치를 만든다는 사실을 알게 되었다. 언뜻 보면 반감이 들 만한 이야기지만, 사실 고치벌은 익충으로 생태계의 균형 유지에 도움을 주는 곤충이었다.

교사에게도 어려운 이 이야기를 아이들에게 어떻게 설명하면 좋을까? 고민하다 교사는 설명을 해주기 전에 그림책을 읽어주기로 했다. 그림책 속에서 고치벌 고치에 대한 내용이 나오자 아이들은 떠들썩해졌다.

"애벌레가 낳은 게 아니라 고치벌 알이었대!"

"고치벌이 애벌레에 알을 낳은 거야?"

"아니야. 알이 아니야. 고치를 만드는 거랬어! 고치벌 애벌레가 번데기가 되는 거야!"

"그럼 저 번데기는 고치벌이 되는 거야?"

"맞아! 꿀벌 같은 그런 벌이야? 선생님, 고치벌이 어떻게 생겼는지 찾아봐주세요!"

고치벌에 대한 관심과 함께 반감도 아주 강하게 나타났다. 귀여운 애벌레가 고치벌로 인해 죽어 가고 있으니 그럴 만도 했다. 배추벌레 고치벌의 고치를 보며 아이들은 다른 의문을 갖게 되었다. '우리 텃밭에도 고치벌에게 당한 애벌레들이 많이 있진 않을까?'라는 생각을 하게 되었고, 궁금해하는 아이들과 함께 밖으로 나가 직접 찾아보기로 하였다. 밖에서는 기생벌에게 당한 배추벌레를 찾을 수 없었다. 아이들은 안도의 한숨을 쉬며 "밖에는 없나봐"라며 돌아왔다.

아이들은 교실로 돌아온 뒤에도 배추벌레 걱정뿐이었다. 배추벌레 고치벌의 고치가 있는 통을 더 자주 들여다보았다. 고치벌이 나오는 그림책을 보기도 하고, 부모님과 이야기를 한 뒤 자료를 찾아와 교사와 친구들에게 말해주기도 하였다. 갑작스러운 배추벌레 고치벌의 등장에 교사는 조금 당황스러웠지만, 아이들이 생태적 관계에 대해 이해할 수 있는 좋은 기회라 생각이 들었다.

교사는 배추벌레 고치벌이 만든 고치를 플라스틱 컵에 담아두고 망을 씌웠다. 노란 실을 뿜어내 고치를 만든 고치벌 애벌레가 며칠 후면 고치벌이 될 것이고, 이러한 생태적 특성을 사실적으로 보고 경험하면 아이들은 어떤 생각을 하게 될까 궁금했기 때문이다. 관심이 고조된 아이들은 책을 읽고 고치를 탐색하며 여러 의문을 갖게 되었다.

"배추흰나비 알을 100개나 낳는다는데, 왜 나비는 한 마리만 되는 거지?"

"배추흰나비가 100마리나 되면 우리 배추들은 다 어떻게 되는 거야?"

이러한 의문은 아이들이 생태계를 이해하는 데 아주 중요한 질문이 되었다. 스스로 생각하고 답을 찾아나가는 그 과정은 아이들에게 내적인 힘을 길러주고 있었다.

배추벌레 고치벌이 성충이 되는 과정을 지켜본 아이들은 고치벌의 생김새와 크기에 더욱 많은 관심을 갖기 시작했다. "벌이 되어 나오면 내가 때려줄 거야. 나쁜 고치벌"이라고 말하던 아이들도 고치벌의 작은 크기(3~4mm)에 놀라며 관심을 갖고 관찰하기 시작했다.

"엄청 작다. 점 같아."
"얘가 배추벌레에 알을 낳은 거야. 왜 그런 거지?"
"고치벌은 배추벌레 몸에 알을 낳아야 한대."
"배추벌레가 다 배추흰나비가 되면 우리가 먹을 배추는 다 없어지는 거야?"

고치벌이 벌이 되어 날아다니는 모습을 보며 아이들은 자신들이 이해한 생태적 관계에 대해 이야기를 나누었다. 배추를 먹어야 살 수 있는 배추벌레, 배추벌레에 알을 낳아야 살 수 있는 고치벌의 입장을 이해하기 시작한 아이들은 자연스럽게 그들의 생태적 관계를 배우고 있었다.

텃밭을 가꾸다가 알게 된 생태계의 흐름. 교사가 알게 된 정보를 일방적으로 아이들에게 전달하는 것이 아니라 시간을 두고 아이들 시선에서 바라보고 함께 관찰하니 관심과 몰입도가 더욱 높아졌다고 생각된다. 우리들의 배추벌레 활동은 모든 과정 속에서 아이들의 질문이 있었고, 이에 대해 조사하고 의논하면서 이루어졌다. 이러한 과정으로 얻게 된 지식을 어찌 잊을 수 있을까?

우리 활동의 주된 목표는 배추벌레에 대한 지식이 아닌 생태적 관계에 대한 이해였다. 생태계 균형을 위해서는 이러한 관계가 이루어져야 한다는 것을 자연스레 알게 된 유익한 활동이었다. 이후 우리 아이들은 텃밭에 관심을 더 갖게 되었고, 우리들의 텃밭을 더 잘 가꾸기 위해 할 수 있는 일을 찾기 시작했다. 아이들은 아침이 되면 "오늘도 텃밭에 가자!"라고 말하기 시작했다. 오늘은 배추에 구멍이 얼마나 뚫렸는지, 옆에 심겨 있는 무는 괜찮은지, 배추벌레가 또 배추를 많이 먹은 것은 아닌지에 대해 관심을 표현했다. 그러던 중 한 아이가 말했다.

"선생님, 저는 배추벌레를 다 죽이고 싶지 않아요. 배추벌레를 죽인 뒤 먹는 배추김치는 맛이 없을 것 같아요."

우리는 함께 모여 의논을 하였다. 아이들은 고치벌로 인해 죽는 배추벌레가 아주 많은데 우리까지 죽일 수 없다고 표현하였다. 아이들의 마음이 이해가 되었다. 김치보다는 귀여운 배추벌레가 더 좋을 나이니 말이다. 그럼에도 우리는 우리의 배추를 지켜야 한다는데 마음이 모아졌고, 여러 의견들이 나왔다.

"텃밭에 허수아비를 세우는 건 어때요? 배추벌레가 무서워서 오지 못하게끔 하는 허수아비요."
"배추벌레를 죽이지 않는 약을 만드는 건 어떨까요?"
"통을 많이 사서 고치벌이 사는 집이랑 애벌레가 사는 집을 만들어요!"

아이들의 의견은 다 달랐으나 마음은 하나였다.

배추벌레를 죽이지 말자! 우리는 배추벌레를 죽이지 않는 친환경 농약을 만들어보기로 했다. 이번에도 원장님께 도움을 요청했다. "원장님은 진짜 모르는 것이 없어요!"라는 아이들의 말을 증명하듯 원장님께서는 친환경 농약에 대해 알고 계셨다. 원장님은 마요네즈 농약에 대해 설명해 주셨고, 마요네즈를 희석해서 뿌리면 벌레가 배추로 오는 것을 막을 수 있다고 말씀해 주셨다. 배추벌레를 막을 수 있다는 사실에 아이들은 기뻐하였다. 마요네즈로 친환경 농약을 만들기 위해서는 물과 마요네즈, 분무기가 필요했고, 아주 간단한 방법으로 만들었다. 우리는 마요네즈로 만든 친환경 농약을 들고 텃밭에 나가 열심히 뿌리기 시작했다.

"우리가 만든 마요네즈 농약 맛이 어떠냐!"
"배추벌레한테 그렇게 말하지 마! 내가 잡아서 다른 곳에 놓아줄 거야."

몇 명의 아이들은 애벌레를 덥석 잡아 텃밭 옆 나무에 놓아주기도 하였다. 아이들의 생각과 방법으로 지켜낸 우리들의 배추. 이번 활동으로 우리는 우리가 심은 농작물들과 더 가까워졌고, 배추밭 생태계에 대한 애정을 갖게 되었다.

배추벌레가 배추흰나비가 되는 과정을 꼭 보고 싶어 하는 아이들의 마음을 알기에 우리 반은 지금도 배추흰나비 키우기 과정을 지속하고 있다. 아이들은 참 재미있어 한다. 재미있으니 계속 하고 싶어한다. 하원 후에 친구와 함께 텃밭에 가서 우리의 텃밭 작물에 물을 주며 관심을 가지고 가꾼다. 누가 시켜서 하는 것이 아니다. 재밌기 때문에 하는 것이다. 그렇다. 역시 재미있는 놀이는 누가 하지 말래도 하게 된다. 재미 속에서 아이들은 자연과 한층 더 가까워졌다. 어려운 생태계를 이해하고 생태계와 더불어 함께 살아가는 모습으로 자연을 담은 우리들이 되었다. 벌레는 징그럽다고 표현한 아이들은 배추벌레와 고치벌을 알게 되니 사랑하게 되었다고 한다. 교사인 나는 즐거움 속에서 경험하는 배움의 힘, 사랑의 힘이 얼마나 큰지 깨닫게 되었다.

내일은 또 어떻게 놀까? 기대된다!

식물 돌보기 포인트

- **이름 푯말을 꼭 만들어요.** 플라스틱보다 나무를 이용해 만들고 비, 바람에 잘 견디도록 튼튼하게 만들어요.
- **식물도 이름을 불러요.** 이것, 저것, 그것이라고 말하지 않아요. 식물도 이름이 있답니다. 식물 존중을 통해 삶의 원칙을 배울 수 있어요.
- **적당한 거리를 두고 심어요.** 식물도 거리두기를 해요. 거리두기가 잘되면 햇빛, 바람, 거름을 서로 고르게 나눌 수 있고, 옆 작물에게 병해충을 옮기지 않아요.
- **흙이 마르면 물을 주어요.** 물을 무조건 많이 주는 게 좋은 게 아니랍니다. 사람도 많이 먹으면 탈이 나는 것처럼 식물도 물이나 거름을 너무 많이 주면 뿌리가 썩어 병들고 시들어 죽게 돼요.

- **열매가 열리는 채소는 웃거름이 필요해요.** 꽃필 때와 열매가 열릴 때는 웃거름을 주어 꽃과 열매가 잘 자라게 도와줘요.

- **식물을 가꾸는 일에서 돌봄의 가치와 기후 환경의 지속가능성을 느낄 수 있어야 해요.** 우리는 풍년을 위해 작물을 가꾸는 게 아니에요. 작물 돌봄을 통해 삶의 원칙을 깨닫고 자연과 함께 살아가는 사람이 되기 위해서랍니다.
- **가능한 여럿이 함께 가꾸는 텃밭을 만들어요.** 작물을 가꾸는 과정에서 서로 배우고 서로 도우며 성장을 지지해요. 그리고 텃밭에서 얻은 수확물을 나누는 축제의 장을 만들어 함께하는 즐거움을 느끼게 해요.

- **이 모든 활동을 통해 날마다 매 순간 자연에 감사하고 가족, 친구, 이웃에게 고마운 마음을 가져요.**

한눈에 보는 텃밭정원 작물 달력

텃밭을 잘 가꾸기 위해서는 심는 시기, 거두는 시기, 거름하는 시기, 물주는 시기 그리고 함께 심으면 좋은 식물 등을 알면 쉽고 재미있다.

작물	씨뿌리기 (모종 심기)	거두기	함께 심으면 좋은 작물	함께 심기를 피해야 하는 식물
딸기 	4월 하순 모종 심기	5월 하순 수확 시작	피튜니아(열매를 잘 맺게 하고 해충예방)	콩, 부추 (영양분 손실)
래디시 	4월 중순 씨앗 심기	5월 하순 수확	바질, 콩, 당근, 오이, 상추	양배추, 시금치
당근 	4월 하순 씨앗 심기	7월 상순 수확	상추, 양파, 토마토, 무, 래디시	딜
가을 배추 	9월 상순 모종 심기	11월 중순 수확	금잔화 (해충 막아줌)	-
상추 	4월 중순 모종 심기	5월 상순 수확 시작	브로콜리, 양배추, 당근, 양파	부추
시금치 	4월 상순 씨앗 심기	5월 상순 수확	파	브로콜리, 양배추, 무
수박 	5월 중순 모종 심기	7월 상순 수확 시작	옥수수, 대파	-

고추		5월 상순	6월 중순 수확 시작	들깨, 배추, 양배추	-
오이		5월 상순 모종 심기	6월 중순 수확 시작	대파, 콩, 브로콜리, 양배추, 옥수수, 래디시, 토마토	감자, 세이지
옥수수		4월 하순 씨앗 심기	7월 하순 수확	감자, 콩, 오이	땅콩
완두		4월 초순 완두 씨앗 심기	6월 초순 수확 시작	가지, 콩류, 당근, 오이, 옥수수, 토마토	마늘, 양파, 차이브
토마토		4월 하순 토마토 모종 심기	6월 하순 토마토 수확 시작	땅콩, 부추, 당근, 양파, 오이	감자
호박		5월 초순 모종 심기	6월 하순 수확 시작	대파, 옥수수,	감자
가지		4월 하순 모종 심기	6월 초순 수확 시작	땅콩, 파슬리, 부추	-
감자		3월 하순 씨감자 심기	6월 하순 수확	콩, 옥수수, 브로콜리, 양배추	오이, 토마토, 피망
강낭콩		4월 중순 씨앗 심기	6월 하순 수확 시작	옥수수, 감자	-
양파		4월 상순 모종 심기(월동)/ 지난해 늦가을 모종 심기	6월 하순 수확	캐모마일, 토마토, 양상추	콩

작물별 추천 그림책 목록

본서에 미처 다 소개하지 못한 좋은 추천 그림책 목록들을 아쉽게나마 부록으로 담아 보았습니다. 배움텃밭정원에서 만나는 궁금증과 의문들을 아이들 스스로 풀어가도록 안내하고 사유하는 능력을 넓히는 데 좋은 자료가 되기를 바랍니다.

딸기

딸기 아라이 마키 글 / 엄혜숙 옮김 / 웃는돌고래
큰 딸기가 말했어 우은선 글 / 김수정 그림 / 걸음동무
새콤달콤 딸기야 이영득 글 / 다호 그림 / 비룡소
이 세상 최고의 딸기 하야시 기린 글 / 쇼노 나오코 그림 / 길벗스쿨
봄봄 딸기 김지안 글·그림 / 재능교육

토마토

조금씩 방울토마토 하정산 글 그림 / 봄개울
난 토마토 절대 안 먹어 로렌 차일드 저 / 조은수 옮김 / 국민서관
토마토 채소일까? 과일일까? 김황 글 / 김이랑 그림 / 웅진주니어
토마토 5형제 김사랑 글·그림 / 바람숲그림책도서관 기획 / 고래가숨쉬는도서관
우리 집 베란다에 방울토마토가 자라요 박희란 글 / 신명근 그림/ 살림어린이

오이

먹으면 안 돼 안 돼 오이 스미쿠라 토모코 글·그림 / 전예원 옮김 / 상상의집
땅콩나라 오이제국 윤예지, 벤자민 필립스 공저 / 로그프레스
오이괴물 유지우 글·그림 / 현암주니어

당근

아주 큰 당근 토네 사토에 글·그림 / 엄혜숙 옮김 / 봄봄
으쌰 으쌰 당근 멜리 글·그림 / 책읽는곰
커다란 당근의 비밀 다린 글·그림 / 꿈터
꼬마농부의 사계절 텃밭책 카롤린 펠리시에, 비르지니 알라지디 글 / 엘리자 제앵 그림 / 배유선 옮김 / 이마주

상추

상추씨 조혜란 글·그림 / 사계절
토끼 씨 상추 드세요 이상교 글 / 조원희 그림 / 사계절

콩

맛있는 구름 콩 임정진 글 / 윤정주 그림 / 국민서관
콩 히라야마 카주코 글·그림 / 엄기원 옮김 / 한림출판사
책과 콩나무 이상희 글 / 예카테리나 실리나 그림 / 시공주니어
완두콩 너 멜론 맛 알아? 다카도노 호코 글 / 오타 다이하치 그림 / 고향옥 옮김 / 비룡소
콩 한 알과 송아지 한해숙 글 / 김주경 그림 / 애플트리태일즈
콩 세 알 팥 세 알 윤구병 글 / 정지윤 그림 / 개똥이
누에콩과 콩알 친구들 나카야 미와 글·그림 / 김난주 옮김 / 웅진주니어

감자

감자에 싹이 나서 김성종 글·그림 / 낮은산
감자는 약속을 지켰을까? 백미숙 글 / 노영주 그림 / 느림보
감자 친구 길상효 글·그림 / 씨드북
영웅감자 최정아 글 / 이유승 그림 / 코이북스
감자아이 조영지 글·그림 / 키위북스

고구마

고구마는 맛있어 보리 글 / 양상용 그림 / 보리
고구마구마 사이다 글·그림 / 반달(킨더랜드)
고구마유 사이다 글·그림 / 반달(킨더랜드)
아주 아주 큰 고구마 아카바 수에키치 글·그림 / 양미화 옮김 / 창비

옥수수

옥수수의 비밀 미소노 글·그림 / 책읽는곰
채소 학교와 더벅머리 옥수수 나카야 미와 글·그림 / 웅진주니어
옥수수 대탈출 안주미 글·그림 / 현암주니어

배추

넌 멋진 배추벌레야! 파멜라 던컨 에드워즈 글 / 헨리 콜 그림 / 아이에듀테인먼트
배추쌈 이은경 글·그림 / 보림
우리 집에 배추흰나비가 살아요 최덕규 글·그림 / 살림어린이
작은 배추 구도 나오코 글 / 호테하마 다카시 그림 / 길벗어린이

무

쁘띠가 심은 빨간 무 마리-프랑스 플루리 글 / 파비엔 부아나르 그림 / 도서출판 무지개
커다란 순무 김영미 글 / 박정인 그림 / 하루놀
커다란 순무 이반 프랑코 글 / 아그라프카 아트 스튜디오 그림 / 김경미 옮김 / 비룡소

시금치

토끼 씨, 시금치 주세요 이상교 글 / 이희은 그림 / 사계절

기타 추천도서

사사삭 땅속으로 들어가봐 김순한 글 / 김영순 그림 / 대교북스주니어
달팽이 헨리 카타리나 마쿠로바 글·그림 / 김여진 옮김 / 노는날
우리교실에 벼가 자라요 박희란 글 / 윤강미 그림 / 살림어린이
맥도널드 아저씨의 아파트 농장 쥬디바레트 글 / 론 바레트 그림 / 정혜원 옮김 / 미래아이
오늘은 김장하는 날 채인선 글 / 방정화 그림 / 보림
거미가 줄을 타고 이성실 글 / 다호 그림 / 비룡소
미스럼피우스 바버러쿠니 글·그림 / 우미경 옮김 / 시공주니어
리디아의 정원 사라 스튜어스 글 / 데이비드 스몰 그림 / 이복희 옮김 / 시공주니어
행복한 봉숭아 박재철 글·그림 / 길벗어린이
비빔밥 꽃 피었다 김황 글 / 전명진 그림 / 웅진주니어
지렁이 일기예보 유강희 글 / 이고은 그림 / 비룡소
양말들판 무라나카 리에 글 / 고야마 코이코 그림 / 이지연 옮김 / 책과콩나무
화분을 키워주세요 유진 자이언 글 / 마거릿 블로이 그레이엄 그림 / 공경희 옮김 / 웅진주니어

저자 약력

김심환

배움텃밭공동체협회 설립자
한양여자대학교 유아교육과 겸임교수 역임
어린이집안전공제회 국장 역임
자연봄연구소 소장

이선미

중부대학교대학원 유아상담복지 교육박사
배움텃밭공동체협회 공동대표
고양시립다움어린이집 원장

교사들을 위한 텃밭정원놀이 배움서

아이들의 놀이터
배움텃밭정원

1판 1쇄 발행 2023년 3월 10일

공저자 김심환 · 이선미
펴낸이 김동근
펴낸곳 지식터

출판등록 2022년 10월 19일(등록번호 제 396-2022-000170호)
주소 경기도 고양시 일산동구 정발산로 24 웨스턴돔2 제4층 제티3-417호
전화 031)811-8500
팩스 031)811-8600
이메일 jster22@naver.com
홈페이지 www.jster22.com

ISBN 979-11-92845-36-4
정가 20,000원